NARRAR JESUS
Leitura orante de textos do Evangelho

Coleção Espiritualidade Bíblica

- A arte de ser discípulo. Ascese e disciplina: itinerário de beleza – Amedeo Cencini
- A cruz em Paulo. Um sentido para o sofrimento – Agda França
- A vida ao ritmo da Palavra. Como deixar-se plasmar pela Palavra – Amedeo Cencini
- Bem-aventurado sois... Memórias de duas discípulas – Dolores Aleixandre
- Narrar Jesus. Leitura orante de textos do Evangelho – Dolores Aleixandre
- Revela-me teu nome (Gn 32,30). Imagens bíblicas para falar de Deus – Dolores Aleixandre

DOLORES ALEIXANDRE

NARRAR JESUS
Leitura orante de textos do Evangelho

Dados Internacionais de Catalogação na Publicação (CIP)
(Câmara Brasileira do Livro, SP, Brasil)

Aleixandre, Dolores
 Narrar Jesus : leitura orante de textos do Evangelho / Dolores Aleixandre;
[tradução Paulo Valério]. 1. ed. – São Paulo : Paulinas, 2009 – (Coleção
espiritualidade bíblica)

 Título original: Contar a Jesús : lectura orante de 24 textos del Evangelio.
 ISBN 978-85-356-2525-7

 1. Bíblia. N. T. Evangelhos – Comentários 2. Bíblia. N. T. Evangelhos
– Leitura I. Título.

09-09718   CDD-226

Índice para catálogo sistemático:
1. Leitura orante de textos do Evangelho   226

Título original da obra: *Contar a Jesús: Lectura orante de 24 textos del Evangelio*
© *Editorial CCS, Madrid, 2005.*

DIREÇÃO-GERAL:	Flávia Reginatto
EDITORA RESPONSÁVEL:	Vera Ivanise Bombonatto
TRADUÇÃO:	Paulo F. Valério
COPIDESQUE:	Cirano Dias Pelin
COORDENAÇÃO DE REVISÃO:	Marina Mendonça
REVISÃO:	Simone Rezende
DIREÇÃO DE ARTE:	Irma Cipriani
GERENTE DE PRODUÇÃO:	Felício Calegaro Neto
CAPA:	Manuel Rebelato Miramontes
EDITORAÇÃO ELETRÔNICA:	Sandra Regina Santana

1ª edição – 2009
1ª reimpressão – 2012

Nenhuma parte desta obra poderá ser reproduzida ou transmitida
por qualquer forma e/ou quaisquer meios (eletrônico ou mecânico,
incluindo fotocópia e gravação) ou arquivada em qualquer sistema ou
banco de dados sem permissão escrita da Editora. Direitos reservados.

Paulinas

Rua Dona Inácia Uchoa, 62
04110-020 – São Paulo – SP (Brasil)
Tel.: (11) 2125-3500
http://www.paulinas.org.br – editora@paulinas.com.br
Telemarketing e SAC: 0800-7010081
© Pia Sociedade Filhas de São Paulo – São Paulo, 2009

INTRODUÇÃO

Enquanto escrevia estas páginas, passei por instantes de desânimo, pensando que jamais terminaria o trabalho empreendido. A fim de animar-me, procurava imaginar a quem este livro poderia ser útil e para quê:

- E se ajudasse aqueles que desejam conhecer melhor Jesus, encontrá-lo a partir do Evangelho e ouvir falar dele seja lá de que jeito for?

- Também poderia servir de guia para uma aproximação ao Antigo Testamento (AT) e um pouco mais de familiaridade com ele. É muito menos conhecido e visitado do que o Novo Testamento (NT), e é uma pena que se perca toda a sua riqueza

- Há muita gente que está cansada de ler repetidamente os mesmos textos. Por que não oferecer-lhes pistas de leitura que permitam ler os textos de maneira nova?

- Contudo não pode servir apenas para aumentar "informações e saberes…".

- E se o chamasse *Narrar Jesus – Leitura orante de textos do Evangelho*? Esse título seria um convite para os que desejam que sua leitura da Bíblia desemboque em uma oração simples, aprendida com Jesus.

- Espero que ninguém o leia de uma vez só! Devo aconselhar que o façam aos poucos, usando-o, talvez, em retiros ou em momentos tranquilos, nos quais há mais tempo para ler devagar e saborear os textos...

Com esses desejos, foi-se tecendo o livro e, após essa declaração de intenções, penso que se pode entender melhor como está estruturado cada capítulo:

LER O TEXTO

RELER A PARTIR DA MEMÓRIA DO CORAÇÃO

À luz do contexto bíblico...

... descobrir o texto...

... como Palavra para hoje.

DEIXAR RESSOAR A PALAVRA

ENTRAR NA ORAÇÃO DE JESUS

ESCOLHER A VIDA

O último tópico aparece sempre vazio para recordar que a "leitura orante" tem sempre consequências na própria vida e sua "vocação" é transformá-la aos poucos, tornando-a mais filial e mais fraterna, ou seja, mais parecida com a de Jesus.

E isso é coisa do Espírito e de cada um de nós.

A autora

ENCONTRO NO JORDÃO

LER O TEXTO

"Nesse tempo, veio Jesus da Galileia ao Jordão até João, a fim de ser batizado por ele. Mas João tentava dissuadi-lo, dizendo:

— Eu é que tenho necessidade de ser batizado por ti e tu vens a mim...?

Jesus, porém, respondeu-lhe:

— Deixa estar por enquanto, pois assim nos convém cumprir toda a justiça. E João consentiu. Batizado, Jesus subiu imediatamente da água e logo os céus se abriram e ele viu o Espírito de Deus descendo como uma pomba e vindo sobre ele. Ao mesmo tempo, uma voz vinda dos céus dizia:

— Este é o meu Filho amado, em que me comprazo" (Mt 3,13-17).

RELER A PARTIR DA MEMÓRIA DO CORAÇÃO

À luz do contexto bíblico...

A cena desenrola-se no Jordão. Josué e os israelitas haviam-no atravessado levando a arca da aliança (Js 3), e suas águas têm, na Bíblia, sentido ambíguo: delas nasce a vida, mas também supõem uma ameaça ao desfazer a ação criadora de

Deus, que dela separou "a terra seca" (Gn 1,9). O fim do dilúvio trouxe uma nova criação, o ressurgir da vida. Também Moisés, no mar Vermelho, escapou, como Noé, das águas da morte. Os evangelistas apresentam Jesus caminhando sobre as águas (Mc 6), uma maneira de proclamar seu domínio sobre a morte.

"Este é o meu Filho amado, em que me comprazo..." A expressão aparece pela primeira vez na Bíblia na boca de Deus, referindo-se ao filho de Abraão: "Toma teu filho, teu único, que amas, Isaac..." (Gn 22,2.11.16). O AT conserva também a memória de expressões de ternura dos pais falando de seus filhos: "O odor de meu filho é como o odor de um campo fértil que Iahweh abençoou...", dizia Isaac ao abençoar Jacó (Gn 27,27), e quando Absalão morreu, Davi, inconsolável, repetia: "Meu filho, Absalão! Absalão, meu filho! Meu filho!" (2Sm 19,5).

"Como um pai é compassivo com seus filhos, Iahweh é compassivo com aqueles que o temem..." (Sl 103,13).

As palavras que se escutam no batismo de Jesus evocam também as de Iahweh ao falar de seu servo: "Eis o meu servo que eu sustento, o meu eleito, em quem tenho prazer" (Is 42,1), e o verbo hebraico tem o significado de preferir, deleitar-se, ter afeto, comprazer-se com alguém.

... descobrir o texto...

Jesus vai até João, como tantas outras pessoas, a fim de fazer-se batizar, e desce o mais baixo possível, tomando sobre si a condição do ser humano pecador: "Aquele que não conhecera o pecado, Deus o fez pecado por causa de nós, a fim de que, por ele, nos tornemos justiça de Deus" (2Cor 5,21). Seu batismo anuncia e prepara seu batismo na morte:

"Eu vim trazer fogo à terra, e como desejaria que já estivesse aceso! Devo receber um batismo, e como me angustio até que esteja consumado!" (Lc 12,49-50). Por essa razão, a tradição ortodoxa fala da água do Jordão como de uma "tumba líquida", na qual Jesus, ao submergir-se, antecipa sua sepultura.

O céu aberto fala do desaparecimento de tudo o que impedia a comunicação com Deus, que agora, em Jesus, pronunciou sua Palavra definitiva. E a expressão "meu filho amado" revela a relação especial que existe entre ele e o Pai. Dito em linguagem coloquial: no batismo, Jesus toma consciência de sua identidade, revela-se seu "código genético": é alguém abençoado, agraciado e incondicionalmente querido. A partir desse momento, sua relação com Deus será feita de deslumbramento, assombro, pura receptividade e dependência filial.

... como Palavra para hoje

Deixar-nos batizar com Jesus supõe aceitar o nome novo que Deus sonhou para nós desde toda a eternidade. Com admiração agradecida, somos chamados a aceitar que nos diga: "Tu és meu filho, chamei-te por teu nome, tu és meu. És alguém abençoado, és meu filho amado, teu nome está tatuado na palma de minhas mãos, és único, e o Pastor te reconhece por teu nome".

Dessa convicção brota a possibilidade de realizar essa "justiça plena" que aparece nos lábios de Jesus. Um discurso de Pedro, no livro dos Atos dos Apóstolos, ajuda a compreender de que tipo de justiça se trata: "Dou-me conta, em verdade, que Deus não faz acepção de pessoas, mas que, em qualquer nação, quem o teme e pratica a justiça, lhe é agradável. Tal é a palavra que ele enviou aos israelitas, dando-lhes a Boa-Nova da paz, por Jesus Cristo, que é o Senhor de todos. Sabeis o que aconteceu por toda a Judeia: Jesus de Nazaré, começando pela

Galileia, depois do batismo proclamado por João, como Deus o ungiu com o Espírito Santo e com poder, ele que passou fazendo o bem e curando a todos os que estavam dominados pelo diabo, porque Deus estava com ele" (At 10,34-38).

Praticar a justiça consiste em "ajustar-se" aos modos de Deus, "coincidir" com sua maneira de ver cada criatura "sem fazer acepção de pessoas". E sua justiça se manifesta plenamente em seu Filho, a quem enviou para buscar e salvar o que estava perdido (Lc 19,10), e que "passou fazendo o bem".

DEIXAR RESSOAR A PALAVRA

Fala João Batista

Não me lembro quando comecei a viver no deserto, mas o que não consigo saber mesmo é como pude viver fora dele. Soube que era meu lugar desde que, ainda menino, escutei as palavras de Isaías:

Uma voz clama: "No deserto,
abri um caminho para o Senhor,
na estepe, aplainai
uma vereda para o nosso Deus".
(Is 40,3)

Aceitei a missão que me era confiada e fui conhecer de perto aquele lugar árido no qual eu teria que tentar traçar caminhos. No começo, somente a solidão e o silêncio foram meus companheiros e, juntamente com eles, a convicção obscura de estar esperando alguém que estava a ponto de chegar: "Eis que enviarei o meu mensageiro para que prepare um caminho diante de mim. Então, de repente, entrará em seu templo o Senhor que vós procurai; o Anjo da Aliança, que vós desejais, eis que ele vem, disse Iahweh dos Exércitos. Quem poderá suportar o dia da sua chegada? Quem poderá ficar de pé, quando ele aparecer?" (Ml 3,1-2).

Malaquias o havia dito, e eu sabia que tinha de pôr em pé um povo entorpecido.

"Israel, prepara-te para encontrar o teu Deus", havia gritado Amós (4,12), outro profeta, e eu sentia arder em minha voz a mesma urgência em preparar o encontro: "Está próximo o grande dia de Iahweh! Ele está próximo, iminente! O clamor do dia de Iahweh é amargo, nele até mesmo o herói grita. Um dia de ira, aquele dia! Dia de angústia e de tribulação, dia de trevas e de escuridão, dia de nuvens e de negrume!" (Sf 1,14-15).

— O ungido de Deus está chegando! Fazei penitência! — comecei um dia a gritar, à passagem de um grupo de caravaneiros que me contemplavam assombrados: "Ele virá para fundir e purificar a prata. Ele purificará os filhos de Levi e os acrisolará como ouro e prata..." (Ml 3,3). "Vem o Mais Forte, e vai dominar de mar a mar, desde o Grande Rio até os confins da terra; diante dele se curvarão os beduínos, e seus inimigos lamberão o pó. Ele salvará os filhos do indigente e esmagará os opressores" (Sl 72,8-9.4).

Espalhou-se a notícia sobre minhas palavras e começou a acorrer gente, movida por uma busca incerta, na qual eu reconhecia a mesma tensão que me mantinha em vigília. Algo estava a ponto de acontecer, e me senti empurrado a trasladar-me para mais perto do Jordão, como se pressentisse que suas águas iam ser a origem do novo nascimento que aguardávamos com impaciência.

Muitos me pediam para que os batizasse e, ao submergirem-se na água terrosa do rio e ressurgirem dela, sentiam que sua antiga vida ficava sepultada para sempre. Exigia deles jejuns e penitências, e lhes anunciava que outro os batizaria com o Espírito. Eu só podia fazê-lo com água: anunciava bodas que não eram as minhas, e eu não era digno sequer de desatar as correias das sandálias do Noivo.

Antes de começar a temporada de chuvas, quando as nuvens estavam condensadas e o calor era sufocante, apresentou-se um grupo de galileus pedindo-me que os batizasse. Foram descendo ao rio, até que restou na margem apenas um, a quem chamavam Jesus. A princípio, nada vi nele que me chamasse particularmente a atenção, e mostrei-lhe o lugar por onde ele poderia descer mais facilmente à água. Estávamos sozinhos, ele e eu, pois os outros tinham ido recolher suas roupas junto aos álamos da margem. Vi-o submergir-se bem dentro da água e, ao sair, notei que ficava quieto, orando num profundo recolhimento. Tinha a expressão indefinível, como se estivesse escutando algo que o enchia de júbilo, e tudo nele irradiava uma serenidade que eu nunca havia visto em ninguém.

Levantara-se um vento forte, que arrastava as grandes nuvens que cobriam o céu e começavam a cair grandes gotas de chuva. Um relâmpago iluminou o céu, anunciando uma tormenta que já levantava redemoinhos de poeira. Da margem continuei contemplando o homem que permanecia imóvel, orando, como se nada do que acontecia em seu redor o afetasse. Por fim, depois de um longo momento, e quando já chovia a cântaros, vi-o sair lentamente do rio, vestir a túnica e distanciar-se em direção ao deserto.

Vi os céus abertos. Passei a noite inteira sem conseguir conciliar o sono. A tormenta havia limpado o ar, e sentia-se a serenidade tranquila de uma noite sem lua, em que as estrelas pareciam estar ao alcance da mão. Era como se os céus estivessem abertos, como naquela noite de Betel, na qual Jacó viu uma escada que ligava os céus à terra. Sem saber por que, veio-me à memoria um texto profético que nunca havia compreendido bem:

> Eis aqui o Senhor Iahweh: ele vem com poder.
> Como o pastor ele apascenta seu rebanho,
> com o braço reúne os cordeiros,
> carrega-os no regaço,
> conduz carinhosamente as ovelhas que amamentam.
> (Is 40,10-11)

Nunca havia entendido por que o Senhor precisaria usar seu poder para realizar as tarefas cotidianas de um pastor, nem por que sua vinda, anunciada com traços tão severos pelos profetas, consistiria, finalmente, em curar, cuidar e levar nos ombros seu povo, sem exigir dele, em troca, purificação e penitência.

E, no entanto, naquela noite, as palavras de Isaías invadiam minha memória de maneira premente, junto com uma estranha sensação de estar abrigado e a salvo.

> Será Efraim, para mim,
> filho tão querido,
> criança de tal forma preferida,
> que cada vez que falo nele
> quero ainda lembrar-me dele?
> É por isso que minhas entranhas se comovem por ele,
> que por ele transborda minha ternura,
> oráculo de Iahweh.
> (Jr 31,20)

Naquela noite, aconteceram-me coisas estranhas: textos que eu considerava esquecidos ou aos quais jamais havia prestado atenção juntaram-se em meu coração. Era como se até aquele momento só tivesse falado de Deus o que havia ouvido, ao passo que agora ele começava a mostrar-me seu rosto. Lembrei-me da face do galileu que eu vira rezando no rio, a expressão de profunda paz que irradiava, e me perguntei se a ele não se teria revelado o Deus que não é, como eu pensava, somente poder e exigência, mas também ternura entranhável, amor incondicional como o dos pais.

Estava amanhecendo e se ouvia o revoo dos pássaros e o arrulhar das pombas nas árvores da margem. Lembrei-me das palavras do Cântico dos Cânticos ao descrever o noivo:

Meu amado...
Sua cabeça é ouro puro,
uma copa de palmeira seus cabelos,
negros como o corvo.
Seus olhos... são pombas
à beira de águas correntes:
banham-se no leite
e repousam na margem...
(Ct 5,10-11)

Surpreso, dei-me conta de que, ao falar do Messias, sempre o havia feito com imagens poderosas como a da águia, ou de força avassaladora como a do leão, ao passo que agora o que me fazia pensar nele era o voo sossegado das pombas.

Quando o sono me veio, a luz já fazia estrada entre os perfis azulados dos montes da Judeia.

ENTRAR NA ORAÇÃO DE JESUS

Aproxima-te de Jesus em um momento de oração, desce com ele ao Jordão, coloca-te dentro da cena, "fica junto dele" e escuta como pronunciadas também sobre ti as palavras do Pai: *Tu és meu filho querido, meu predileto.* Deixa que a segurança de ser assim amado e escolhido te atinja mais fundo do que qualquer sentimento de culpabilidade, desconfiança ou receio. E a partir de tua condição de filho amado, experimenta estar protegido e a salvo, envolto no abrigo cálido de um amor que te acolhe e te possibilita a existência e o crescimento.

Faze tuas as palavras do Salmo 103:

> Como um pai é compassivo com seus filhos,
> o Senhor é compassivo com aqueles que o temem;
> porque ele conhece nossa estrutura,
> ele se lembra do pó que somos nós...

ESCOLHER A VIDA

UM HOMEM LIVRE

LER O TEXTO

"Então, Jesus foi levado pelo Espírito ao deserto, para ser tentado pelo diabo. Por quarenta dias e quarenta noites esteve jejuando. Depois teve fome. Então, aproximando-se o tentador, disse-lhe:

— Se és Filho de Deus, manda que estas pedras se transformem em pães.

Mas Jesus respondeu:

— Está escrito: "Nem só de pão vive o homem, mas de toda palavra que sai da boca de Deus".

Então, o diabo o levou à Cidade Santa e o colocou sobre o pináculo do templo e disse-lhe:

— Se és Filho de Deus, atira-te para baixo, porque está escrito: "Ele dará ordem a seus anjos a teu respeito, e eles te tomarão pelas mãos, para que não tropeces em nenhuma pedra".

Respondeu-lhe Jesus:

— Também está escrito: "Não tentarás ao Senhor teu Deus".

Tornou o diabo a levá-lo, agora para um monte muito alto. E mostrou-lhe todos os reinos do mundo, com o seu esplendor, e disse-lhe:

— Tudo isto te darei se, prostrado, me adorares.

Então, Jesus lhe disse:

— Vai-te, Satanás, porque está escrito: "Ao Senhor teu Deus adorarás e só a ele prestarás culto".

Com isso, o diabo o deixou. E os anjos de Deus se aproximaram e puseram-se a servi-lo" (Mt 4,1-11).

RELER A PARTIR DA MEMÓRIA DO CORAÇÃO

À luz do contexto bíblico...

A tradição bíblica põe na boca de Deus esta lembrança idílica da etapa do deserto: "Eu me lembro bem de ti, do amor de tua juventude, do carinho do teu tempo de noivado, quando me seguias pelo deserto..." (Jr 2,2). Por isso evoca essa passagem da história de Israel como um lugar de esponsais entre Deus e um povo que se sentiu conduzido, alimentado e cuidado por seu Senhor ao longo daqueles quarenta anos. No entanto, em muitas ocasiões, sua resposta foi infidelidade, adultério, desconfianças, dúvidas, murmurações e idolatria: "Não endureçais vossos corações como em Meriba, como no dia de Massa, no deserto, quando vossos pais me provocaram e tentaram, mesmo vendo as minhas obras" (Sl 95,8). E eis que Israel sentia saudades das seguranças do Egito e as preferia a uma vida confiada unicamente ao cuidado de Deus. Apesar disso, será no deserto que ele manifestará sua misericórdia e o esplendor de seus dons: a água da rocha, o maná, a nuvem, a Aliança no Sinai.

Por isso o significado do deserto não é prioritariamente penitencial, mas o de um lugar privilegiado de encontro pessoal e de escuta da Palavra: "Conduzi-la-ei ao deserto e falar-lhe-ei ao coração" (Os 2,16).

... descobrir o texto...

A cena apresenta-nos um Jesus "igual a nós em tudo, com exceção do pecado" (Hb 4,15), experimentando em sua carne a tentação e a prova. No texto, tudo gira em torno de um tema central: em que palavra confiar? Ele foi conduzido ao deserto imediatamente depois de seu batismo, com a palavra do Pai ressoando em seu coração — "Tu és meu filho amado..." — mas agora vai escutar outras palavras que tentam convencê-lo a não colocar seu centro nesse amor, mas sim no poder, na vida fácil, na fama, nas posses... Jesus, porém, tomou uma consciência tão plena de seu ser de Filho, a Palavra do Pai deu-lhe tanta segurança e iluminou de tal modo seu olhar que já lhe é impossível confundir Deus com os ídolos que o tentador lhe apresenta: um deus em busca de um mago, e não de um filho; um deus contaminado pelas piores pretensões da condição humana: possuir, brilhar, ostentar poder, exercer domínio.

Diante do ídolo do poder e do ter, ele se mantém de pé; diante do desejo de utilizar sua condição de Filho em seu próprio benefício, escolhe o caminho da obediência; diante do discurso do êxito e da fama, ele escolhe o do serviço. Não veio para que os anjos o levem voando, mas para carregar sobre seus ombros a ovelha perdida (Mt 15,5); não vai converter pedras em pão, mas entregar a si próprio como Pão da vida (Jo 6,51); suas mãos não vão fechar-se com avidez sobre as riquezas, porque precisa delas livres para levantar os caídos, curar os feridos ou lavar os pés cansados do caminho; não vai trocar a pérola preciosa do Reino que o Pai lhe confiou por outros reinos que o tentador lhe mostra de cima do monte.

O relato das tentações resume simbolicamente outros momentos da vida de Jesus nos quais esteve submetido à ambiguidade entre "a maneira de pensar de Deus" ou "a humana". Diante da resistência de Pedro ao seu anúncio de um destino de sofrimento, Jesus reage com violência: "Afasta-te de mim, Satanás!" (Mt 16,23). Deseja deixar claro que escolheu o caminho que o Pai vai-lhe mostrando e decidiu, com inquebrantável confiança, aceitar seu desígnio obscuro e doloroso.

A alternativa voltará a apresentar-se de maneira violenta no Getsêmani: salvar a própria vida ou perdê-la, fazer sua própria vontade ou a do Pai. Na noite em que Jacó lutou contra Deus, o pai do povo recebeu um novo nome (Gn 2,23ss). Nessa noite decisiva de luta de outro homem com a divindade, Deus recebe, por fim, do autêntico Israel, seu verdadeiro nome: *Abbá*, Pai.

Nos quarenta dias do deserto, tal como na noite de Natal ou na do Getsêmani, a terra gera, do fundo de seu seio, um homem novo.

... como Palavra para hoje

A passagem das tentações conduz-nos até o Deus a quem Jesus conheceu no deserto: um Deus que não exige de nós nem proezas nem gestos espetaculares, mas somente nossa confiança e nossa gratidão. Um Deus que nos dirige sua Palavra não para impor-nos obrigações ou para denunciar nossos pecados, mas para alimentar-nos e fazer-nos crescer. Um Deus que não encontraremos na prepotência ou na posse, mas na pobreza e na exclusão.

DEIXAR RESSOAR A PALAVRA

Fala um zelote,[1] discípulo de Jesus

"Não me lembrarei deles, já não falarei em seu Nome..." (Jr 20,9). Foram essas palavras de Jeremias que vieram à minha memória, dando nome a meus sentimentos e desejos. Eram semelhantes às que acabava de pronunciar em minha entrevista com o melhor de meus amigos:

— Enganei-me, Demétrio, eras tu que tinhas razão quando me disseste que cometia um erro ao entrar em contato com a seita de Jesus. E também têm razão os que me repreenderam o haver-me separado daquele que foi meu caminho de sempre, o mesmo que seguiram meus antepassados. Não deveria ter-me distanciado da luta violenta contra o poder opressor romano, pela qual tantos do meu sangue deram a vida.

Com efeito, sou descendente de uma família de zelotes marcada, como tantas outras na Galileia, por uma inclinação revolucionária. Por isso a notícia de minha aproximação ao grupo dos seguidores do Nazareno havia caído como um raio entre meus parentes e conhecidos. A violência com que os romanos sufocavam qualquer tentativa de protesto da parte do povo judeu havia-me feito perder a esperança na possibilidade de liberar-nos de seu jugo, e me encontrava submerso em profunda crise pessoal. Precisava tanto encontrar novos ideais que o anúncio de Jesus, o Messias ressuscitado, foi como um fulgor de luz em meio às trevas. Comecei a frequentar o grupo que era presidido por Mateus, e fui-me entusiasmando pouco a pouco com o que ouvia sobre Jesus. Aceitaram-me no grupo dos catecúmenos que íam ser batizados na solene noite pascal. Contudo, nesse ínterim, sucederam-se alguns acontecimentos que abalaram minha decisão: minha esposa e meus filhos mais velhos, que, desde o princípio, haviam-se mostrado reticentes em relação a meu distanciamento dos ideais zelotes, agora opunham-se frontalmente ao costume de partilhar os bens, como se fazia na comunidade. Por outro lado, e conforme se espalhava a notícia de minha mudança de conduta e de minha nova identidade de seguidor da doutrina do Nazareno, meus antigos companheiros de luta política começaram a estabelecer um cerco de oposição em torno de mim e a tecer uma rede sutil para envolver-me: falavam-me de personagens que eu admirava e que eram contrários aos cristãos, falavam-me dos rumores que circulavam a respeito deles, ridicularizavam suas práticas diante de mim e chegavam até a insultá-los e caluniá-los.

Tudo parecia estar contra mim porque, na comunidade, acabávamos de ler o relato de Mateus sobre os quarenta dias de Jesus no deserto, e era difícil para mim aceitar aquela visão de um Jesus tentado por Satanás: eu tinha uma ideia demasiado elevado do Messias para aceitar que pudesse ter sido submetido à prova. "Não foram tentações reais", pensei, "seria para dar-nos o exemplo..." Tampouco podia compreender o porquê daquele rechaço radical de Jesus de tudo o que pudesse significar poder, fama ou bens. No final das contas, não realizou, a seguir, sinais que causaram admiração no povo? Não deu de comer àquela multidão no deserto e não curou a tantos enfermos? Ademais, como conseguiríamos nós, seus seguidores, respeito e reconhecimento ao nosso redor se não déssemos demonstração de certo prestígio e dignidade?

Quando cheguei a minha casa, deparei-me com a visita inesperada de Paltiel, sem dúvida enviado pelo grupo de meus antigos companheiros. Dirigiu-se a mim de forma indireta, como quem transmite os fatos de maneira neutra, ao mesmo tempo que afagava minha vaidade:

— Ultimamente tenho ouvido falar muito de ti, mas não dei crédito aos que dizem que teu comportamento anda estranho, que te envolves com gente de condição inferior, que esqueceste a honra de teu nome e de teus antepassados e que te fisgaram uns renegados que abandonaram a circuncisão, as normas de pureza e as tradições, mas, sobretudo, que já se mostram indiferentes para com a sorte de nosso povo, distanciam-se publicamente dos que empunham armas, pregam a mansidão e anunciam um Messias crucificado. Eu te conheço bem e estou seguro de que continuas fiel aos ideais que sempre uniram nosso grupo. Por isso venho propor-te estar à frente dos que continuam empenhados em conseguir a libertação de nosso povo. Já assumimos posições, temos bons contatos, contamos com dinheiro e armas; só nos falta alguém com teu nome e teu prestígio.

Quando ele se foi, dei-me conta, espantado, de que, graças a suas palavras, estava começando a compreender o significado das tentações de Jesus. Conforme ele mesmo recomendava, entrei em meu aposento, fechei a porta e falei de coração aberto com o Pai. Pedi-lhe forças para vencer o combate a que estava submetido: "Não me deixes cair em tentação, não permitas que me arrastem a ansiedade pelo prestígio e pela fama; faze que o chamado de Jesus para o serviço e para a mansidão sejam mais fortes do que minha inclinação para dominar e exercer o poder". Veio-me à memória um provérbio: "Como ribeiro de água, assim o coração do rei na mão do Senhor: este, segundo o seu querer, o inclina" (Pr 21,1). Percebi que o Espírito estava agindo em meu coração para conduzir o canal turbulento de meus desejos pelos caminhos do Messias crucificado, a quem desejo seguir...

ENTRAR NA ORAÇÃO DE JESUS

Imagina que estás junto dele, no deserto, e escuta este salmo como se fosse pronunciado por ele, dirigindo-se a seu Pai, depois de ter vencido as tentações...

Dou-te graças, Pai, porque escutaste minha súplica. Eu te havia dito: protege-me, Deus meu, porque em ti me refugio, tu és meu dono, meu único bem. E quando o tentador colocou diante de mim os deuses da terra, esses atrás dos quais muitos saem correndo e aos quais dedicam seus desvelos, ficaste sempre junto de mim e tenho podido repetir-te: tu és minha taça e o lote de minha herança; meu destino está em tuas mãos. Coube-me teu amor como minha parcela magnífica, como herança maravilhosa, e te bendirei sempre por ela, Pai. Tu me guias e me aconselhas em todo momento, até de noite escuto o sussurro de tua Palavra que me instrui internamente, e como estás sempre presente ao meu lado, não vacilarei.

Por isso, alegra-se meu coração, minhas entranhas exultam e minha carne repousa tranquila, porque sei que não me entregarás à morte nem deixarás que veja a cova quem te é fiel. Ensinar-me-ás o caminho de minha vida, encher-me-ás de alegria em tua presença, delícia perpétua à tua direita (cf. Sl 16).

ESCOLHER A VIDA

CHAMADOS E ATRAÍDOS

LER O TEXTO

"Caminhando junto ao mar da Galileia, viu Simão e André, o irmão de Simão. Lançavam a rede ao mar, pois eram pescadores. Disse-lhes Jesus:

— Vinde em meu seguimento e eu farei de vós pescadores de homens. E imediatamente, deixando as redes, eles o seguiram.

Um pouco adiante, viu Tiago, filho de Zebedeu, e João, seu irmão, eles também no barco, consertando as redes. E logo os chamou. E eles, deixando o pai Zebedeu no barco com os empregados, partiram em seu seguimento" (Mc 1,16-20).

RELER A PARTIR DA MEMÓRIA DO CORAÇÃO

À luz do contexto bíblico...

Os relatos de vocação do AT familiarizam-nos com a ideia de que ser chamado pelo Senhor não é fruto de uma conquista ou o fim de uma busca. Todas as narrativas acerca do chamado conservam o vestígio intencional de um encontro surpreendente, inesperado e imerecido. É o que deve ter experimentado Amós quando dizia: "Não sou profeta, nem filho de profeta; eu sou pastor e cultivador de sicômoros.

Mas o Senhor me agarrou..." (Am 7,14); ou Jeremias: "Tu me seduziste, Senhor, e eu me deixei seduzir..." (Jr 20,1).

Os que recebem o chamado costumam apresentar pretextos: "Quem sou eu para ir ao faraó...", objeta Moisés (Ex 3,11). "Eis que não sei falar, porque sou ainda criança...", protesta Jeremias (Jr 1,6). "Sou um pecador", diz Pedro na narrativa de Lucas (5,8). Contudo, a nenhum deles traz vantagem a resistência, e todos findam por encarregar-se da missão, mesmo que seja de má vontade e resmungando. O livro de Jonas, uma narrativa breve e deliciosa, expressa-o eloquentemente.

... descobrir o texto...

Antes da cena da vocação dos discípulos, lemos: "Depois que João foi preso, veio Jesus para a Galileia proclamando o Evangelho de Deus: 'Cumpriu-se o tempo e o Reino de Deus está próximo. Arrependei-vos e crede no Evangelho'." (Mc 1,14-15).

Seguindo a "lógica" das cenas, poderíamos dizer que a voz divina, escutada no batismo — "Este é meu filho amado" — invadiu a interioridade de Jesus, e agora o mesmo Espírito que o havia arrebatado e levado à solidão do deserto é quem o empurra rumo à relação e à proximidade humana. Jesus deixa-se levar por essa corrente de aproximação e começa a falar às pessoas, aproxima-se, entra em contato, cria comunidade e busca colaboradores que o ajudem a partilhar o melhor que tem: a boa notícia do amor incondicional do Pai.

Ao reler a cena, observamos que, no começo, Jesus está sozinho, ao passo que, no final, está em companhia de quatro seguidores. Este é um traço que o distingue dos grandes profetas do AT: Isaías, Jeremias, Ezequiel..., foram personalidades excepcionais, mas solitárias.

Aos que chama, Jesus propõe entrar numa relação privilegiada com ele. O "Vinde em meu seguimento" (literalmente: "atrás de mim") convida-os a "associarem-se" à sua maneira de ser, de falar e de agir, e participar com ele em uma tarefa comum. "Farei de vós pescadores de homens..." Como no caso de Abrão, convertido em Abraão (Gn 17,5); de Simão, convertido em Pedro; ou de Saulo, convertido em Paulo, o chamado inclui a promessa de uma mudança de identidade. A eleição individualiza e personaliza de modo irrepetível e inconfundível, confere um sentido completamente novo ao próprio nome. Jesus toma em suas mãos o futuro dos que o acompanham: junto dele, vão adquirindo nova personalidade, definida pela referência a outros.

... como Palavra para hoje

Responder ao chamado de Jesus inaugura sempre um novo jogo relacional com os discípulos: ele adiante, nós atrás. O encontro com ele atinge o núcleo de nossa própria autonomia e de nossa consistência pessoal, de nossa vida profissional, familiar e relacional.

O convite para "pescar homens" é uma expressão estranha, que evoca a imagem de sair de um meio aquático e começar a respirar. Não poderíamos ver aí a possibilidade de ajudar outros em um novo nascimento, de uma saída das águas amnióticas para começar a respirar a vida do Espírito?

Completar estas frases pode ser um bom caminho para apropriar-nos do texto e atualizar nosso próprio chamado:

- Em minha relação com Jesus, aconteceu como no caso de...

- O chamado que ele me dirigiu parece o de...

- Minhas resistências e meus medos ainda são:...

- O que Jesus fez comigo é como o que ele fez a...

- Para mim, o chamado a "pescar homens", neste momento de minha vida, significa...

DEIXAR RESSOAR A PALAVRA

Fala Maria de Magdala

— Aquele primeiro dia que passamos com ele foi decisivo. Nenhum de nós sabia bem em que estranha aventura estávamos embarcando quando deixamos para trás casa e redes e seguimos atrás dele...

Era Tiago, o de Zebedeu, quem falava, sentado no meio do grupo dos que seguíamos Jesus, certa tarde calorenta, às margens do lago. Conversávamos à espera do Mestre, que, de acordo com seu costume, havia-se retirado ao monte para orar.

Continuou a dizer Tiago:

— Aquela jornada em Cafarnaum (Mc 1,21-38) permitiu-nos vislumbrar algo do que agora estamos vivendo junto dele. Era sábado e, de manhã, fomos à sinagoga e escutamos a leitura do profeta Isaías: "A criança de peito poderá brincar junto à cova da áspide, a criança pequena porá a mão na cova da víbora" (Is 11,8). No final do dia, lembrei-me destas palavras e pensei que era o que havia visto Jesus fazer: ao libertar o endemoninhado da sinagoga, ao curar a sogra de Pedro acometida pela febre e durante a longa tarde rodeado por uma multidão de enfermos que procuravam tocá-lo, estava penetrando no obscuro âmbito dos poderes do mal com a tranquila confiança das crianças. Quando, de madrugada, levantou-se muito antes de nós todos e foi rezar, soubemos de onde procedia aquela sua força, aquela atração sem limites pelas pessoas mais enfermas e abandonadas.

Disse Levi:

— Quando o vi, de pé, diante da mesa onde cobrava os impostos, não sabia quase nada a seu respeito (Mc 2,13-14). Como publicano, estou consciente de quanto desprezo e até ódio costumam refletir-se nos olhos dos que se aproximam de mim; por isso fiquei surpreso quando senti que aquele desconhecido me olhava com franqueza e cordialidade, sem indícios de reprovação, nem de julgamento, como alguém que se dirige a seu amigo: "Levi, preciso de ti, vem comigo", disse-me. Meu estupor inicial não me impediu de levantar-me de minha mesa e de aceitar, deslumbrado, a oportunidade de começar uma vida nova.

— Eu, ao contrário, no início resisti em acompanhá-lo — confessou Tadeu. Num primeiro momento de generosidade, disse-lhe: "Seguir-te-ei aonde fores", mas quando o ouvi dizer que era preciso estar disposto a levar uma vida itinerante e a não contar nem mesmo com um lugar onde repousar a cabeça (Lc 9,57-58), voltei atrás. Quando retornei, pensava que me rechaçaria por causa de minha atitude covarde; ele, porém, colocou sua mão sobre meu ombro e disse-me sorrindo: "Agora és como um pássaro sem ninho, mas não tenhas medo: estás comigo..."

Agora era a vez de Natanael:

— Filipe veio procurar-me para dizer-me que havia encontrado nada menos que o Messias, e que vinha de Nazaré! (Jo 1,44-51). Como vocês podem supor, pus-me a rir daquela notícia disparatada, mas para não aborrecer Filipe, que tem gênio forte, aceitei ir conhecer o tal "messias". Quando me viu chegar, sabem o que é que me disse? Que eu era um verdadeiro israelita, um homem sincero! A verdade é que me senti lisonjeado pelo que me dissera, mas o que afirmou a seguir deixou-me estupefato: "Antes que Filipe te chamasse, eu te vi quando estavas sob a figueira". Não posso revelar-lhes o que aquilo queria dizer: é um segredo entre Jesus e mim, mas naquele momento decidi que queria viver sempre junto daquele homem que conhecia até o mais oculto de minha vida.

— Eu estava perto de João Batista quando o ouvi dizer algo surpreendente a respeito de um homem que passava: "Eis o Cordeiro de Deus" (Jo 1,35-39). O Cordeiro de Deus? Era um título estranho, que me fez pensar no Servo de Iahweh do qual fala Isaías (Is 53). Olhei para André e vi que estava tão intrigado quanto eu; fiz-lhe um sinal em silêncio e fomos em seu encalço. Deve ter percebido que o seguíamos, mas não se voltou, nós não nos atrevíamos a alcançá-lo. Imediatamente, lembrei-me de Moisés, querendo ver o rosto do Senhor, sem poder, porém, ver-lhe senão as costas (Ex 33,23). De repente, inesperadamente, o desconhecido voltou-se e perguntou-nos: "A quem buscais?". Não soubemos o que dizer, e respondemos com outra pergunta, que era uma evasiva, porque não nos atrevíamos a confessar-lhe que era a ele que buscávamos: "Mestre, onde moras?". "Vinde e vede", respondeu, como se fora a coisa mais natural encontrar pessoas que quisessem segui-lo. Fomos com ele e ficamos todo o dia. Foi assim que tudo começou.

Por fim, animei-me também a intervir:

— Vocês me conhecem, pois sou de Magdala, e sei que estão a par dos rumores que circulam ali sobre meu passado. Também imagino que, quando não estou presente, deverão ter perguntado ao Mestre por que aceitou alguém como eu em seu seguimento. A mim ele não chamou como a vocês, mas eu vivia desgarrada e dilacerada em meu interior, entregue a poderes estranhos, e o encontro com Jesus foi, para mim, o momento em que minha vida começou a pertencer-me, quando consegui firmeza e segurança. Senti que, finalmente, podia simplesmente existir, sem que o peso do julgamento dos outros me prostrasse e sem que meus próprios temores me mantivessem aprisionada. Vocês o seguiram porque ele os chamou; eu o sigo porque não existe nenhum outro lugar no mundo no qual eu possa viver, e o sei com o mesmo instinto que ensina as andorinhas a seguir o verão.[1]

Interrompi minha confissão porque alguém avisou que Jesus estava voltando. Creio que eles não compreenderam o que eu havia querido dizer-lhes, mas ao menos minhas palavras ficaram suspensas no entardecer, enquanto as andorinhas roçavam com seu voo as águas tranquilas do lago.

ENTRAR NA ORAÇÃO DE JESUS

Após ler o pequeno livro de Jonas, imagina como Jesus escutaria esta narrativa de chamado e de desobediência, de resistência à missão e de estreita relação entre Deus e seu profeta:

Hoje se leu na sinagoga a história de Jonas, o profeta desobediente e, a seguir, durante o caminho de volta, eu comentava com meus discípulos que nela reconheci muitos traços teus, *Abbá*: o surpreendente de tuas escolhas, a incansável paciência com que suportas os rodeios e extravios de teus filhos, a pertinaz fidelidade com que voltas a confiar neles, mesmo que te tenham defraudado ou tenha tentado escapar de ti, tua decisão apaixonada de que tua oferta de salvação chegue até os habitantes de todas as Nínives... Alguns dentre eles

---

[1]   Cf. DREWERMANN, E. *El mensaje de las mujeres. La ciencia del amor.* Barcelona: Herder, 1992. pp. 183-223.

se sentiam parecidos com Jonas, e contavam como se acham embarcados a contragosto e de má vontade nesta aventura do Reino à qual os convidaste. Outros confessam que, às vezes, sentiram-se irritados contigo e, tal como o profeta, protestaram diante de ti e sentiram a tentação de repreender-te por seres "um Deus cheio de ternura e de compaixão, paciente, misericordioso e fiel..." (Jn 4,2).

Espanta-me que esse teu jeito de ser que me enche de alegria possa ser para eles um peso que os abata e surpreenda... Pergunto-me se chegará o dia em que os acontecimentos adversos me arrastem em seu torvelinho de tormenta e não poderei oferecer mais sinal de teu amor senão o de Jonas, sepultado no ventre da baleia. Contudo, penso que também nessa ocasião, quando me vierem menos as forças, poderei dirigir a ti minha confiança e proclamar como ele, a partir da obscuridade do abismo: *A salvação vem do Senhor!* E fazer com que minha oferenda seja um grito de ação de graças (Jn 2,10).

ESCOLHER A VIDA

BOAS-NOVAS EM NAZARÉ

LER O TEXTO

"Ele foi a Nazaré, onde fora criado, e, segundo seu costume, entrou em dia de sábado na sinagoga e levantou-se para fazer a leitura. Foi-lhe entregue o livro do profeta Isaías; desenrolou-o, encontrando o lugar onde está escrito: 'O Espírito do Senhor está sobre mim, porque ele me consagrou pela unção para evangelizar os pobres; enviou-me para proclamar a libertação aos presos e aos cegos a recuperação da vista, para restituir a liberdade aos oprimidos e para proclamar um ano de graça do Senhor'.

Enrolou o livro, entregou-o ao servo e sentou-se. Todos na sinagoga olhavam-no, atentos. Então, começou a dizer-lhes:

— Hoje se cumpriu aos vossos ouvidos essa passagem da Escritura.

Todos testemunhavam a seu respeito, e admiravam-se das palavras cheias de graça que saíam de sua boca. E diziam:

— Não é esse o filho de José?

Ele, porém, disse:

— Certamente me citareis o provérbio: "Médico, cura-te a ti mesmo. Tudo o que ouvimos dizer que fizeste em Cafarnaum, faze-o também aqui em tua pátria".

Mas em seguida acrescentou:

— Em verdade vos digo que nenhum profeta é bem recebido em sua pátria. De fato, eu vos digo que havia em Israel muitas viúvas nos dias de Elias, quando por três anos e seis meses o céu permaneceu fechado e uma grande fome devastou toda a região; Elias, no entanto, não foi enviado a nenhuma delas, exceto a uma viúva, em Sarepta, na região de Sidônia. Havia igualmente muitos leprosos em Israel no tempo do profeta Eliseu; todavia nenhum deles foi purificado, a não ser o sírio Naamã.

Diante dessas palavras, todos na sinagoga se enfureceram. E, levantando-se, expulsaram-no para fora da cidade e o conduziram até um cimo da colina sobre a qual a cidade estava construída, com a intenção de precipitá-lo de lá. Ele, porém, passando pelo meio deles, prosseguia seu caminho..." (Lc 4,16-30).

RELER A PARTIR DA MEMÓRIA DO CORAÇÃO

À luz do contexto bíblico...

Este é o oráculo de Isaías ao qual pertence o fragmento escolhido por Jesus:

O Espírito do Senhor está sobre mim,
porque o Senhor me ungiu;
enviou-me a anunciar a Boa-Nova aos pobres,
a curar os quebrantados de coração
e proclamar a liberdade aos cativos,
a libertação aos que estão presos,
a proclamar um ano aceitável ao Senhor,
e um dia de vingança de nosso Deus,
a fim de consolar todos os enlutados,
os enlutados de Sião,

a fim de dar-lhes um diadema em lugar de cinza
e óleo de alegria em lugar de luto,
veste festiva em lugar de espírito abatido.

(Is 61,1-3)

Contudo, para os habitantes de Nazaré, era difícil reconhecer Jesus como ungido por Deus para essa missão, por causa da sua procedência humilde. Em Israel, considerava-se o trabalho manual como inferior ao estudo da Escritura: "Como se tornará sábio o que maneja o arado, aquele cuja glória consiste em brandir o aguilhão, o que guia bois e o que não abandona o trabalho e cuja conversa é só sobre gado? O seu coração está ocupado com os sulcos que traça... Igualmente o carpinteiro e o construtor, os que fazem os entalhes dos selos, o ferreiro, o oleiro... Todos esses depositam confiança em suas mãos e cada um é hábil na sua profissão... Mas eles não se encontram no conselho do povo e na assembleia não sobressaem. Não sentam na cadeira do juiz e não meditam na lei. Não brilham nem pela cultura nem pelo julgamento, não se encontram entre os criadores de provérbios, ocupados com seu trabalho artesanal" (Eclo 38,25-34).

A rejeição a Jesus por parte de seus compatriotas revela esta mentalidade, incapaz de pensar que o Messias fosse filho de um carpinteiro. Também no Evangelho de João lemos este juízo depreciativo na boca de Natanael: "De Nazaré pode sair algo de bom?".

... descobrir o texto...

Podemos observar no texto:[1]

---

[1] Cf. ALETTI, J. N. *El arte de contar a Jesús*. Salamanca: Sigueme, 1992. pp. 37-56.

- Os verbos de movimento: *ir, entrar, levantar-se, sentar-se, expulsar, precipitar, passar pelo meio, prosseguir.*

- O fundo sombrio de situações de carência: *pobres, presos, cegos, oprimidos, fome, luto, leprosos.*

- As palavras para designar salvação: *palavras cheias de graça, médico, cura.*

- As indicações de lugar: *Nazaré, sinagoga, Cafarnaum, terra, Sarepta, na região de Sidônia, Israel, colina.*

- As indicações de tempo: *sábado, ano de graça, hoje, dias de Elias, tempo do profeta Eliseu.*

- As palavras de reconhecimento e de rejeição: *entregaram-lhe, olhavam-no, admiravam-se enfureceram-se, expulsaram-no.*

- A expressão de Isaías que Jesus não lê: *o dia da vingança de nosso Deus.*

Causa estranheza a expressão "Tudo o que ouvimos dizer que fizeste em Cafarnaum..." (v. 23), visto que, na cena imediatamente anterior, Lucas narra as tentações no deserto e apresenta Jesus em Cafarnaum depois de ter estado em Nazaré. Somente lendo o final do capítulo 4 saberemos em que consiste para Jesus a *Boa-Notícia*: ensinar, falar com autoridade, de modo a silenciar os demônios e fazer desaparecer as febres e as dores. O fato de sua palavra vencer os espíritos diabólicos, e não os ocupadores romanos, é um indício do sentido de sua missão e da profunda pobreza em que se encontram aqueles aos quais foi enviado.

Essa não é a única passagem na qual aparece, no Evangelho de Lucas, a oposição entre a pessoa e a mensagem de

Jesus. Em outros episódios, fariseus e escribas se questionam acerca de suas palavras e de seu comportamento, sem ocultar sua perplexidade e reprovação, e até sua ira: "Quem é este que diz blasfêmias?" (5,21). "Quem é este que até perdoa pecados?" (7,49). "Eles, porém, se enfureceram e combinavam o que fariam a Jesus" (6,11). Contudo, ainda que Jesus critique também os fariseus e os doutores da Lei (7,30), não romperá as relações com eles: ao menos um deles o convidará a sua casa (7,36).

... como Palavra para hoje

Como se respondesse a nossa curiosidade a respeito do personagem do AT com o qual Jesus se sentiria mais identificado, Lucas responde: sua escolha recaiu não sobre um patriarca, rei, sábio, sacerdote, escriba ou salmista, mas sobre um personagem profético, que se sente ungido pelo Espírito e conduzido por ele.

A cena da sinagoga de Nazaré é como uma maquete, na qual já estão presentes, "em miniatura", temas que se irão repetindo também na vida dos seguidores de Jesus: chamados a anunciar o Evangelho com a própria vida, será inevitável o encontro com a resistência e a rejeição. No entanto, a soberana liberdade de Jesus, passando pelo meio de seus inimigos, como uma lembrança de sua Ressurreição, confirma que a evangelização continua seu caminho.

Podemos nos identificar também com o povo de Nazaré, que conhecia demasiadamente bem o filho do carpinteiro, e não conseguiu descobrir o ser humano novo. Será que não é possível que nos aconteça algo parecido hoje? Viver procurando em livros, conferências e jornais algo que temos tão perto, sob a forma de pessoas anônimas: os pobres, os presos, os cegos, as viúvas, os leprosos, os estrangeiros e os oprimidos de hoje, que povoam os bairros de nossas cidades, e os que expulsamos porque parecem suspeitos para nossa mentalidade conformista.

DEIXAR RESSOAR A PALAVRA

Fala Rubem, jovem judeu estudioso da Lei

> "O Espírito do Senhor está sobre mim, porque o Senhor me ungiu; enviou-me a anunciar a Boa-Nova aos pobres..." (Lc 4,18-19).

Reconheci imediatamente as palavras de Isaías, pronunciadas, com um acento galileu inconfundível, por aquele *rabbi*, desconhecido para mim, mas cuja presença havia despertado enorme expectativa no povo.

Eu também estava de passagem em Nazaré, aonde não havia voltado desde que, anos atrás, havia-me mudado para Jerusalém. Fui para lá a mando de meu pai, fariseu fervoroso, a fim de estudar em uma escola rabínica e chegar a ser o mesmo que ele: um especialista na Lei. Seu sonho era ver-me convertido em um mestre do saber, o que me daria, segundo ele, uma influência e um prestígio que jamais alcançaria por outros caminhos.

Estava passando os melhores anos de minha juventude dedicado a esquadrinhar as Escrituras e submetido a uma disciplina que estava se tornando cada vez mais insuportável. Não me pesavam tanto as horas de estudo como a crescente sensação de que os ensinamentos que recebia e procurava assimilar caíam sobre mim como uma carga sufocante, que me asfixiava. As discussões entre nossos mestres e suas interpretações da Torá (613 preceitos, dentre os quais 248 mandamentos positivos e 365 proibições...) eram de tal modo intrincadas que eu tinha cada vez mais a sensação de viver oprimido sob um jugo parecido ao da escravidão que nossos pais viveram no Egito, e me sentia preso em uma rede tecida com os fios sutilíssimos das indagações e das prescrições.

Tanta angústia acumulada degenerou em uma enfermidade, e tive que voltar a Séforis, meu povoado natal; quando me senti um pouco melhor, meus pais me sugeriram que fosse passar uns dias em Nazaré, a fim de me distrair na casa de uns parentes.

A situação em que me encontrava fez com que as palavras de Isaías, que aquele forasteiro estava lendo, chegassem até mim como uma rajada de luz: se a tarefa do Messias esperado, pensei, seria a de curar, libertar e levar Boas-Notícias aos pobres, por que vivíamos esmagados e cegos, encerrados nos calabouços e prisões que nós mesmos nos havíamos construído? Procurei imaginar o que para mim seria uma Boa-Notícia: que alguém me falasse de um Deus que não exige submissão de servos nem se compraz em despejar sobre nós leis, normas e obrigações, um Deus que vem ao nosso encontro para aliviar-nos os fardos e para livrar-nos de jugos; um Deus curador de feridas e reparador de mágoas; um Deus cujos traços seriam aqueles com os quais se revelou aos nossos pais: o amor compassivo e fiel, o perdão e a gratuidade.

Quando concluiu a leitura do fragmento que havia escolhido, o *rabbi* enrolou de novo o livro, entregou-o ao chefe da sinagoga e sentou-se.

Sobressaltado, dei-me conta de que ele havia omitido (voluntariamente?) as palavras sobre "a vingança de nosso Deus". Os demais deveriam tê-lo notado também e esperavam, ansiosos, com os olhos fixos nele, a explicação que devia seguir-se. Então, ele disse o que ninguém, dentre os presentes, teríamos esperado escutar:

— Hoje se cumpriu aos vossos ouvidos essa passagem da Escritura.

Olhei-o com assombro. Que significava aquele *hoje*? Estava se atrevendo a proclamar que os tempos messiânicos haviam chegado? Estava se apresentando como portador da alegria e da libertação perante aqueles que, entre nós, nos reconhecíamos como pobres, cegos e prisioneiros?

Se era assim, de onde vinha aquela autoridade, aquela firmeza serena que conferiam a suas palavras a consistência da rocha? Mas, acima de tudo, não me estava anunciando naquele preciso momento que o Deus que eu desejava encontrar estava se aproximando de mim, que estava descendo com sua luz até o abismo de minhas trevas, no qual me encontrava?

Sentia-me sobressaltado e confuso, mas não tive condições de continuar a pensar: havia muitos murmúrios entre os presentes e uma mulher, ao meu lado, a meia voz, comentou:

— Pois não é Jesus, o filho de José e de Maria, meus vizinhos!

E ante minha expressão de perplexidade explicou-me:

— Faz tempo que foi embora e anda por aí, sem domicílio fixo, rodeado de um grupo de esfarrapados, anunciando a vinda de não sei qual reino que está prestes a chegar...

Por fim, murmurou com sarcasmo:

— Também dizem que cura enfermos e que expulsa demônios; vejamos se consegue fazer o mesmo aqui também...

O tal Jesus havia continuado a falar, mas pude escutar apenas suas palavras finais, porque se perderam devido à gritaria: uns se haviam colocado de pé, vociferando e fazendo gestos ameaçadores, e os mais furiosos aproximaram-se dele; agarraram-no pelos braços e o empurraram para fora da sinagoga. Desci a escada prendendo a respiração, pois conhecia a violência do caráter galileu e temia o pior. Vi que o mantinham cercado e agarrado; entre insultos, pretendiam arrastá-lo monte acima, possivelmente para empurrá-lo lá do alto. Contudo, de repente, ele sacudiu os ombros com decisão e, inexplicavelmente, os que o mantinham preso soltaram-no e se foram retirando, enquanto ele, tranquilamente, caminhava entre eles e se dirigia a uma casa na parte de baixo da ladeira, a qual devia ser a sua.

Não tornei a vê-lo, mas, nos dias seguintes e enquanto durou a revolta, inteirei-me de diversos rumores que circulavam a respeito dele. As notícias do que ele fazia se espalhavam de boca em boca, e muita gente, impressionada, dizia: "Um grande profeta surgiu entre nós e Deus visitou seu povo!" (Lc 7,16). E falavam com admiração dos sinais que realizava, semelhantes ou maiores do que os de alguns profetas antigos.

Agora já se passou muito tempo e pertenço ao grupo dos que, após sua ressurreição, continuamos empenhados em continuar a fazer, em sua memória, o mesmo que ele fez: anunciar liberdade aos cativos e luz aos que vivem nas sombras, aprendendo a ser como ele, portadores da Boa-Notícia.

Daquela Boa-Notícia que chegou até mim, inundando-me de júbilo, em uma manhã de sábado, na sinagoga de um povoado perdido, chamado Nazaré.

ENTRAR NA ORAÇÃO DE JESUS

Podemos imaginá-lo fazendo seu o Salmo 72 e acolhendo, perante o Pai, sua missão de defender os humildes do povo e salvar a vida dos pobres. Aquilo que o desejo e a esperança de Israel projetaram no Messias tornou-se, por fim, realidade.

Ó Deus, concede ao rei teu julgamento
e tua justiça ao filho do rei;
que ele governe teu povo com justiça,
e teus pobres conforme o direito
(1-2)

Quando pronuncio as palavras deste salmo, sinto que és tu, *Abbá*, quem põe em meu coração tudo o que nele se suplica: que montes e colinas tragam a teu povo paz, através da justiça, e que essa justiça dure tanto quanto o sol e a lua... Inunda-me o desejo de defender as pessoas oprimidas e pôr a salvo as famílias pobres, desmantelando tudo o que as explora.

Por isso, peço-te que me faças capaz de livrar o pobre que pede auxílio, o aflito que não tem quem o proteja... Sei que a compaixão que sinto perante os pobres e desvalidos provém de ti, Pai, e que és tu quem me envias a salvá-los e a dar-lhes a Boa-Nova de que sua vida, que eles acreditam esquecida, é preciosa aos teus olhos.

Estou compreendendo que meu caminho não é o de dominar de mar a mar, como sonha o salmo, e sei que, diante de mim, ninguém dobrará o joelho, tampouco virão reis de Sabá e da Arábia para oferecer-me tributos. Porque o que desejas de mim é que me aproxime de teu povo sem poder e sem violência, como cai a chuva sobre os torrões ou como o chuvisco que empapa a terra... Talvez terei de enterrar minha vida como o grão de trigo, para que abundem as colheitas do campo e se agitem no alto dos montes, a fim de dar fruto esplêndido como o do Líbano, e que os feixes sejam como ervas do campo.

E toda a minha alegria está em que assim se reconhecerá teu nome e dirão:

— Bendito o Senhor Deus de Israel, o único que faz maravilhas. Bendito para sempre seu nome glorioso e que sua glória encha a terra...

ESCOLHER A VIDA

QUEM É ESTE HOMEM?

LER O TEXTO

"E disse-lhes naquele dia, ao cair da tarde:
— Passemos para a outra margem.

Deixando a multidão, eles o levaram, do modo como estava, no barco; e com ele havia outros barcos. Sobreveio então uma tempestade de vento, e as ondas se jogavam para dentro do barco, e o barco já se estava enchendo. Ele estava na popa, dormindo sobre o travesseiro. Eles o acordaram e disseram:

— Mestre, não te importas que pereçamos?

Levantando-se, ele conjurou severamente o vento e disse ao mar:

— Silêncio! Quieto!

Logo o vento serenou, e houve grande bonança. Depois, ele perguntou:

— Por que tendes medo? Ainda não tendes fé?

Então, ficaram com muito medo, e diziam uns aos outros:

— Quem é este a quem até o vento e o mar obedecem?" (Mc 4,35-41).

RELER A PARTIR DA MEMÓRIA DO CORAÇÃO

À luz do contexto bíblico...

Só se compreende a presença do medo no texto recorrendo-se ao AT, no qual se repete constantemente esta cena: Deus aproxima-se, aqueles a quem ele visita enchem-se de temor e ele lhe diz: "Não temais". O medo será a reação de Abraão (Gn 15,2), de Sara, no azinhal de Mambré (Gn 18,15), de Agar, junto ao poço do deserto (Gn 21,17), de Moisés, diante da sarça ardente (Ex 3,6), do povo à margem do mar Vermelho, quando perseguidos pelos egípcios (Ex 14,10), de Isaías, na teofania do Templo (Is 6,5). Contudo, todos eles escutam um tranquilizador "Não temas..." da parte de Deus.

O que se teme nele não é tanto sua superioridade nem a distância que existe entre o divino e o humano, mas sim sua *santidade*: Deus é santo e o ser humano é pecador. No entanto, quem nos mostra em que consiste essa santidade é o profeta Oseias:

> Como poderia eu abandonar-te, ó Efraim,
> entregar-te, ó Israel?
> Como poderia eu abandonar-te como a Adama,
> tratar-te como a Seboim?
> Meu coração se contorce dentro de mim,
> minhas entranhas comovem-se.
> Não executarei o ardor de minha ira,
> não tornarei a destruir Efraim,
> porque eu sou um Deus e não um homem,
> eu sou santo no meio de ti,
> não retornarei com furor.
> (Os 11,8-9)

Esta é a verdadeira definição do Deus que os profetas anunciam: sua santidade consiste em seu amor, por isso não é algo que nos distancia dele, mas, ao contrário, é algo que nos persegue, como o amor. Sua grandeza não consiste, acima de tudo, em seu poder, mas em sua misericórdia, em seu perdão e em sua fidelidade. A paciência humana conhece limites, a de Deus desconhece-os: esta é a diferença entre ele e nós, e é isso o que nos provoca surpresa e temor.

Por isso Jonas reconhecia que o verdadeiro motivo de sua fuga não era sua missão em Nínive, mas o amor de Deus: "Ah! Iahweh, não era justamente isso que eu dizia quando estava ainda em minha terra? Por isso fugi apressadamente para Társis; pois eu sabia que tu és um Deus de piedade e de ternura, lento para a ira e rico em amor e que se arrepende do mal..." (4,2).

Trata-se de um temor que abre à confiança e que, em vez de distanciar-nos de Deus, aproxima-nos dele.[1]

As atuações de Jesus no Evangelho de Marcos provocam reações de temor, assombro, desconcerto, medo, sobressalto... Após a expulsão de um demônio em Cafarnaum, "todos se admiraram" (1,27); ao presenciar a cura do paralítico, "todos ficaram admirados" (2,12); a mulher que tinha um hemorragia fica "amedrontada e trêmula" (5,33); seu ensinamento em Nazaré faz com que a multidão o "escute maravilhada" (cf. 6,2), e depois da cura do surdo-mudo "maravilham-se sobremaneira" (7,37); os discípulos, ao vê-lo caminhar sobre as águas, "começaram a gritar, pois todos o viram e ficaram apavorados" (6,50); ao ver sua transfiguração, "estavam atemorizados" (9,6); ficam assim também ao ouvir que é mais fácil um camelo passar pelo fundo da agulha do que um rico se salvar (10,26), e ao vê-lo empreender, decididamente, o caminho de Jerusalém (10,32); seus adversários também tinham medo (11,12), e as mulheres, que foram à tumba na manhã

---

[1]   Cf. ROSSI DE GASPERIS, F. Conferência ditada nas Ilhas Maurício em 1995.

de Páscoa, "saíram e fugiram do túmulo, pois um tremor e um estupor se apossaram delas. E nada contaram a ninguém, pois tinham medo..." (16,8).

... descobrir o texto...

"Passemos para a outra margem": é a margem dos pagãos, dos estrangeiros, dos diferentes, daqueles com os quais, consoante a tradição de Israel, não se devia ter contato. Como se fosse um presságio de tudo o que de ameaçador contém o diferente, estoura uma tormenta, e esse fenômeno no lago da Galileia pode ser terrível: em poucos minutos, levanta-se o vento e as ondas se tornam perigosas para os tripulantes de um barco pesqueiro.

O Evangelho de Marcos pretende dar-nos a conhecer a divindade de Jesus, por isso diz a seu respeito o que o AT diz sobre Deus. Jesus é o mais humano de todos os seres humanos: as pessoas aproximam-se dele, tocam-no, buscam-no...; mas, ao mesmo tempo, aquele que dele se aproxima entra em contato com sua santidade e experimenta temor, assombro e estupefação. Isso explica os sentimentos dos discípulos ao vê-lo acalmar a tempestade.

... como Palavra para hoje

Existem dois momentos na vida de fé: um período de fragilidade, que não se consegue esperar que esse Jesus adormecido possa erguer-se, repreender o vento e serenar o mar. Isso é o que os apóstolos não compreenderam na fase da "fé frágil". A fé "provada", ao contrário, enraizada na experiência de que Deus converte o perdido, sopra as cinzas do amor apagado e faz ressurgir a comunidade desfeita, mantém-se firme nas vicissitudes da existência como uma secreta vitória sobre o mundo do desespero e do temor.[2]

É verdade que, com frequência, gritamos de medo perante as incertezas do que nos cabe viver, mas, apesar de tudo, cremos que, a bordo da barca de nossas aventuras, subiu alguém que segura o timão e que nos levará "para a outra margem".

Quando nos sentimos divididos entre o medo e a confiança, sempre depende de nós a decisão de olhar a realidade somente como uma ameaça, ouvindo apenas o bramido da tempestade, ou dar crédito à fé, que nos assegura que *alguém* está ao nosso lado para apoiar-nos em meio aos embates da vida. De acordo com nossa resposta, submergiremos ou nos sentiremos acompanhados por *aquele* que pode fazer-nos chegar a salvo à outra margem. Isto é a fé.

DEIXAR RESSOAR A PALAVRA

Fala Pedro

O Mestre costuma repreender com frequência nossas reações de medo, e não se equivoca. Esse foi meu primeiro sentimento, quando se aproximou de André e de mim, enquanto lavávamos as redes na margem do lago, e pediu-nos que o acompanhássemos: "Afasta-te de mim, porque sou um pecador", disse-lhe então, e mais de uma vez me lembrou daquela reação e, rindo, comparou-me ao profeta Isaías, tremendo dos pés à cabeça quando Deus manifestou sua glória no Templo. Ou com o atemorizado Jeremias, balbuciando diante do Senhor: "Eis que não sei falar, porque sou ainda criança...".

A missão que nos confiou assusta um pouco a todos nós e, às vezes, dir-se-ia que também ele a sente gravitar sobre seus

---

[2]   Cf. ROVIRA BELLOSO, J. M. *Leer el evangelio.* Madrid: Cristiandad, 1980. p. 204.

ombros, como se o esmagasse e fizesse vacilar o solo debaixo de seus pés. Talvez por isso se afasta de nós nesses momentos, retira-se sozinho para rezar e, quando volta, traz de novo o rosto sereno, como se tivesse escutado a voz silenciosa do próprio Deus a dizer-lhe: "Não tenhas medo, eu estou contigo". Então, transmite a sensação de que todo o seu ser se apoia firmemente sobre a rocha, que em torno dele se ergue uma muralha inexpugnável, ou que está no alto de um pico rochoso, com abastecimento de pão e provisão de água...

Um dia desses, propôs-nos rezar juntos dois dos hinos de subida a Jerusalém:

Os que confiam no Senhor
são como o monte de Sião:
nunca se abala, está firme para sempre.
Jerusalém... as montanhas a envolvem,
Desde agora e para sempre.
(Sl 125,1-2)

O Senhor é teu guarda,
é tua sombra,
o Senhor está a tua direita.
De dia o sol não te ferirá
nem a lua de noite.
(Sl 121,5-6)

E, a seguir, pôs-se a falar-nos de Deus como guardião que nunca dorme, como ameia e escudo que nos defende, como um Pai que leva nossos nomes escritos na palma de suas mãos... Ele vive essa segurança de forma tão intensa que não pode compreender como nossa fé seja tão vacilante e que sejamos tão desconfiados perante aquilo que não somos capazes de constatar imediatamente.

Um dia, quando estávamos sentados na margem do Jordão, propôs-nos esta parábola: "O Reino dos Céus é parecido com dois homens que estão em margens opostas de um rio profundo; um deles pensa que o rio é muito profundo e não é possível atravessar sem perder pé. O outro, que já o cruzou e sabe que tem vau, diz-lhe: 'Não tenhas medo, há uma rocha embaixo, ainda que não possas vê-la; podes atravessá-lo apoiando-te nela...'. O medroso, porém, prefere ficar do outro lado, paralisado pelo medo, ainda que não tenha comprovado por si mesmo. E a segurança que a margem familiar lhe oferece impede-o de correr o risco de avançar rumo ao desconhecido, quando somente ali faria a experiência de que existe uma Rocha que segura todo aquele que se atreve a apoiar-se nela...".

Deve parecer-lhe que nós reagimos quase sempre como o homem temeroso e, talvez por isso, quando encontra em alguém um gesto de confiança, mostra-se tão deslumbrado como se tivesse descoberto um tesouro escondido. E, quiçá, também por isso, apraz-lhe tanto estar com as crianças, observar sua concentração tranquila quando brincam, sua segurança instintiva em que os mais velhos estão ali para cuidar delas, defendê-las e levá-las nos braços quando se cansam.

Na segunda lua de Páscoa, estávamos atravessando o lago na barca de Pedro quando se levantou um vento que prenunciava tormenta. Ele devia estar tão cansado que se havia retirado à popa; apoiando a cabeça sobre um rolo de cordas, havia adormecido. De repente, o céu escureceu, o vento tornou-se mais forte e começaram a formar-se redemoinhos na água. Desencadeou-se um vento terrível e todos estávamos alterados e apavorados; dávamo-nos ordens uns aos outros para esgotar a água e remávamos sem rumo, enquanto o barco subia e descia como uma casca de noz sob o poder das ondas. Nenhum de nós podia compreender como ele podia continuar a dormir tão tranquilo; por fim, pus-me a sacudi-lo e gritei-lhe: "Não te importas que afundemos?". Pôs-se de pé e disse com voz forte: "Silêncio! Onde está a vossa fé?". E não sei bem se sua ordem era para nós ou para o medo que nos dominava e que nos mergulhava em seu abismo com muito mais força do que a ameaça das ondas.

Lembrei-me da gritaria que acompanhava o traslado da arca, nos tempos do deserto, quando te diziam: "Levanta-te, Senhor! E sejam dispersos os teus inimigos, e fujam diante de ti os que te aborrecem! (Nm 10,35).

Os inimigos que agora saíam fugindo de dentro de nós se chamavam temor, angústias e ansiedade: a palavra de Jesus colocava solo sob nossos pés; nosso pânico desaparecia, e uma tranquilidade surpreendente nos serenava. O mar havia começado a acalmar-se, e agora remávamos em silêncio até a outra margem, sob as estrelas de um céu desanuviado

E foi nesse momento que nos invadiu um temor ainda mais profundo do que aquele que havíamos sentido durante a tempestade. Demo-nos conta de que o que ele estava pedindo de nós era uma confiança total, uma segurança absoluta em que a firmeza que ele oferece não é uma recompensa por nosso esforço, mas um dom que nos concede gratuitamente quando nos atrevemos a confiar nele em meio às tormentas da vida.

ENTRAR NA ORAÇÃO DE JESUS

As palavras dos Salmos 91 e 125 podem revelar-nos algo do segredo da confiança de Jesus em seu Pai:

Ao cair da noite, quero bendizer-te, Pai, pela segurança de saber-me amparado por teu amor e arrimado à tua sombra; por esta confiança que me habita e que me faz chamar-te meu refúgio e minha fortaleza, meu escudo e minha armadura.

A teu lado, sinto-me a salvo das redes dos que pretendem caçar minha vida como a de um pássaro e, com todos os pequenos e desamparados, sinto-me abrigado por tuas plumas e protegido sob tuas asas. Não temo as sombras da noite, nem a perseguição de meus inimigos, nem as ameaças que me chegam do meio das trevas. Aconteça o que acontecer, sei que a desgraça não se aproximará de mim, por isso repouso tranquilo em tuas mãos, como se os anjos me levassem na palma das mãos, sem deixar-me tropeçar nas pedras do caminho.

Não tenho medo de defender os humildes, ainda que isso signifique defrontar-me com as calúnias dos poderosos, e o segredo desta ausência de temor está em que vivo apoiado em tua palavra, que me assegura:

Não temas, eu te porei a salvo,
colocar-te-ei no alto, porque conheces meu nome.
Quando me chamares, escutar-te-ei;
Estarei contigo no perigo, defender-te-ei
e honrar-te-ei;
saciar-te-ei com longos dias
e te farei gozar de minha salvação.

É esta confiança que mora em mim e que me faz sentir-me firme como o monte de Sião, em Jerusalém. Porque as montanhas rodeiam Jerusalém, mas tu cercas a mim e a teu povo, Pai, e essa segurança dissipa nossos medos e nos faz bendizer-te do nascer do sol ao seu ocaso, todos os dias de nossa vida.

ESCOLHER A VIDA

SERVIDOR DE TODOS

LER O TEXTO

" E logo ao sair da sinagoga foi à casa de Simão e de André, com Tiago e João. A sogra de Simão estava de cama, com febre, e eles imediatamente o mencionaram a Jesus. Aproximando-se, ele a tomou pela mão e a fez levantar-se. A febre a deixou e ela se pôs a servi-los" (Mc 1,29-31).

RELER A PARTIR DA MEMÓRIA DO CORAÇÃO

À luz do contexto bíblico...

O AT utiliza com muita frequência o verbo "levantar" para designar a intervenção pessoal de Iahweh em favor dos que estão caídos, derrubados, prostrados no solo. Estar derrubado aparece relacionado com o mundo das trevas, do *sheol* ou da fossa fatal (Sl 22,16). É a postura da humilhação, da opressão e do aniquilamento, ao passo que "levantar-se", pôr-se de pé, é símbolo da dignidade humana. O homem e a mulher vivos e postos de pé experimentam a plenitude (Sl 20,9), são inacessíveis (Sl 1,5) e, nessa posição, podem agir, falar, cantar (Sl 24,3; 68,2; 9,20; 78,6; 88,11...). É a postura da autoridade, da vitória, da transcendência e da altura luminosa.

Passar da prostração à posição ereta expressa a experiência do êxodo: se Israel sabe algo de si mesmo é que gemia curvado sob o peso da escravidão no Egito e que o Senhor o salvou, colocou-o de pé e o libertou. Moisés e os israelitas cantam junto ao mar, diante do inimigo derrubado:

> Tu os conduzirás e plantarás sobre a montanha, a tua herança, lugar onde fizeste, ó Iahweh a tua residência, santuário, Senhor, que as tuas mãos prepararam (Ex 15,17).

Tanto a alusão ao monte quando aquela ao santuário evocam a altura privilegiada e luminosa de Sião, o vértice do céu. E será à filha de Sião, abatida e humilhada no desterro, a quem se dirigirão estas palavras do Dêutero-Isaías:

> Desperta, desperta,
> reveste a tua força, ó Sião! [...]
> Sacode de ti o pó, levanta-te,
> Jerusalém cativa!
> Desatadas estão as cadeias do teu pescoço,
> Filha de Sião cativa!
> (Is 52,1-2)

Toda a ação de Deus, tanto no AT como no NT, poderia resumir-se no gesto simbólico de levantar, endireitar e pôr de pé.

No NT, além da sogra de Pedro, são também soerguidas por Jesus a filha de Jairo (Mc 5,41), a mulher encurvada (Lc 13,11-13) e Maria Madalena, inclinada sobre o sepulcro e enviada a comunicar a notícia da ressurreição (Jo 20,11-18).

... descobrir o texto...

A cena da cura da sogra de Pedro desenrola-se durante a "jornada em Cafarnaum" (Mc 1,21-38), que perfaz um dia inteiro de Jesus: no sábado de manhã, vai à sinagoga, onde cura um endemoninhado; ao meio-dia, entra na casa de Pedro e cura-lhe a sogra; ao entardecer, acorrem a ele muitos enfermos; de madrugada, retira-se para orar.

Podemos ler o texto observando as três cenas nas quais transcorre: na primeira, uma mulher está na posição horizontal dos mortos, separada da comunidade e dominada pela febre. Na última, encontramo-la de pé, curada e prestando serviço, ou seja, ocupando o lugar que assumirá o próprio Jesus, que, de acordo com suas próprias palavras, "não veio para ser servido, mas para servir e dar a vida" (Mc 10,45); por essa razão, a mulher começou a "ter parte com Jesus" (Jo 13,8). A cena central oferece-nos o segredo de sua transformação: é o primeiro gesto silencioso de Jesus do qual se tem certeza em Marcos, e bastam três verbos para expressá-lo com sobriedade: "aproximou-se", "tomou-a pela mão", "levantou-a" (este último verbo é o mesmo que se usa para falar da Ressurreição).

... como Palavra para hoje

O Evangelho de Marcos foi escrito em Roma, no final dos anos 60, e endereçado a uma comunidade na qual havia romanos e gregos, escravos e livres, gente de origem social elevada e gente humilde, todos eles necessitados de aprender de Jesus sua atitude fundamental de serviço. Uma situação semelhante à do mundo em que vivemos hoje: naquele tempo como agora, as relações se estabelecem através do poder e da dominação, e no exercício da autoridade, o mais forte impõe-se ao mais fraco; o rico, ao pobre; o que possui informação, ao ignorante. Diante disso, esse relato nos dá a conhecer a nova ordem de relações que devem caracterizar o Reino no qual a vinculação fundamental é a da fraternidade no serviço mútuo.

A maneira de agir de Jesus desestabiliza todos os estereótipos e modelos mundanos de autoridade, e desqualifica qualquer manifestação de domínio de alguns irmãos sobre os demais; inaugura-se um estilo novo, no qual o "desenho circular" substitui e declara caduco o "modelo escalonado". Sua maneira de tratar as pessoas marginalizadas aciona um movimento de inclusão: ao partilhar da mesa com os que eram aparentemente "menos" e encontravam-se "por baixo", invalidava qualquer pretensão de julgar-se "mais" ou de situar-se "acima" dos outros.

Por isso, quando Marcos nos apresenta a sogra de Pedro "servindo", está dizendo: aqui está alguém que entrou na órbita de Jesus, que respondeu à sua vocação de pôr-se aos pés dos demais e, por essa razão, está "tendo parte com ele".

Muitas das dificuldades que temos na vida relacional nos advêm de nossa resistência em pôr-nos na postura básica de um serviço que não pede recompensas, nem exige agradecimentos. Àquele que procura viver assim são-lhe suficientes a alegria de evitar cansaço a outros e o prazer de poder estar, como Jesus, com a toalha cingida para lavar os pés dos irmãos.

DEIXAR RESSOAR A PALAVRA

Fala Lucrécia, da comunidade cristã de Roma

"Este homem não veio para ser servido, mas para servir e dar a sua vida em resgate por muitos" (Mc 10,45).

Assim havia definido Marcos, na comunidade, o sentido da vida de Jesus; suas palavras, porém, provocaram em mim rebeldia e resistência. Pertenço a uma família de patrícios de Roma, sinto-me orgulhosa de pertencer à condição das pessoas livres e, como tenho escravos, conheço de perto a baixeza de sua origem e experimento, em relação a eles, um desprezo invencível.

Comecei a frequentar a reunião dos cristãos porque os cultos mistéricos que se praticavam no Império passaram a me parecer insuportáveis de tão ridículos. Tornara-se-me impossível prestar homenagem ou respeitar deuses tão cheios de paixões e misérias quanto os humanos, e seus mitos e lendas findaram por parecer-me infantis.

Conhecia Ester, uma judia convertida ao Cristianismo, que me convidou a participar de uma de suas reuniões e, desde o começo, fiquei tão deslumbrada perante uma doutrina tão absolutamente nova e atraente que pensei ter encontrado a resposta às perguntas que me vinha fazendo havia tanto tempo.

Reuníamo-nos na casa de Ester, e Marcos, que conhecia bem as tradições em torno de Jesus, falava-nos dele com tanta paixão que pedi imediatamente para ser admitida no grupo dos que se preparavam para o batismo. Tenho de reconhecer que foi difícil vencer minha repugnância na hora de integrar-me em um grupo no qual havia todo tipo de gente: não me importava misturar-me com gregos ou judeus, desde que fossem gente nobre e culta, mas sentir-me no mesmo nível de escravos e de gente de origem humilde era penoso e humilhante.

Foi crescendo em mim a convicção de que Jesus provinha de Deus, e me entusiasmava escutar o começo daquilo a que Marcos chamava seu "Evangelho", e que dizia assim: "Boa-Nova de Jesus Cristo, Filho de Deus". Enchia-me de alegria poder invocá-lo como um ser celestial, anterior a tudo, mediador entre Deus e suas criaturas. Por fim, havia encontrado uma religião nobre, própria de homens e mulheres livres e dignos, por isso sentia-me tão defraudada ao ouvir fatos e ditos de Jesus que não podia compreender e que começavam a afastar-me das ideias sobre ele que eu me havia formado no começo.

Eu podia aceitar que Deus se comunicasse com os seres humanos, e a ideia de um "Filho de Deus" não me repugnava, como era o caso dos judeus; que essa filiação, no entanto, não fosse manifestação de força e de glória, mas à moda de um escravo, produzia em mim escândalo e rechaço. O rebaixamento da divindade era inaceitável e, agora que meus antigos deuses haviam caído, não podia tolerar outra descida semelhante.

Reafirmei-me em minha ideia, um dia, enquanto ceava em minha casa, e meus escravos me serviam: pus-me a contemplar atentamente uma jovem escrava núbia, que meu esposo me trouxera em uma de suas últimas viagens antes de morrer. Vi-a mover-se com agilidade e discrição, com a mesma naturalidade com que se move um peixe na água, talvez porque era descendente de escravos e estava acostumada a servir desde menina. Tentava imaginá-la situada em meu lugar, reclinada em meu triclínio, ao passo que eu me aproximaria para servi-la, mas o simples pensamento parecia-me ridículo e fora de propósito, e me reafirmava em minha convicção de que entre escravos e livres havia uma distância intransponível, e que era inútil tentar superá-la.

Continuei a frequentar a comunidade, mas crescia em mim a resistência ante a insistência de Marcos em recordar-nos que Jesus havia morrido crucificado, sem dar-se conta de que um crucificado, para mim, como para qualquer pessoa culta de meu tempo, nada mais era do que expressão de disparate, vergonha e escândalo. Contudo, era a ele a quem Marcos se referia constantemente, rejeitando as tentativas daqueles que, como eu, pretendíamos esquecer um final tão humilhante. "Como pode ser Jesus, a um tempo, Filho de Deus e servo?", perguntávamos-lhe. "Por que em vez de enfatizar tanto a existência sofredora e humilhada não nos falas um pouco mais de seu poder, de sua exaltação e de seu senhorio sobre toda a criação? Por que tanto empenho em fazer-nos perceber a participação de Jesus na debilidade humana, e isso não como algo que lhe sobreveio por necessidade, mas como algo escolhido livre e conscientemente, como desejo e orientação de sua vida inteira?"

Tudo aquilo me ia separando progressivamente de meu primeiro entusiasmo, até tomar a decisão de deixar de participar das reuniões; contudo, voltei, finalmente, a uma delas, a fim de despedir-me e dar as razões por que havia decidido abandonar a comunidade. Fi-lo com a maior sinceridade e respeito que pude, para não ferir ninguém. Depois de um silêncio, Marcos disse que ia contar-nos mais uma história das que diziam respeito a Jesus:

— E logo ao sair da sinagoga, foi à casa de Simão e de André, com Tiago e João. A sogra de Simão estava de cama, com febre, e eles imediatamente o mencionaram a Jesus. Aproximando-se, ele a tomou pela mão e a fez levantar-se. A febre a deixou e ela se pôs a servi-los (Mc 1,29-31).

Quando terminou, fez-se um longo silêncio e, de repente, dei-me conta de que aquela narrativa era dirigida a mim: aquela mulher enferma era eu, afligida por uma febre maléfica de orgulho, distanciada da vida que circulava em minha comunidade, impossibilitada de acolher aquela fraternidade sanadora, capaz de romper as barreiras de discriminação entre seus membros. Contudo, Jesus não se havia afastado da mulher enferma, mas se aproximara dela, tomando-lhe a mão e levantando-a; ela, por sua vez, havia-se incorporado, de novo, no âmbito do serviço (no grupo, diz-se: *diakonia*), e havia entrado, de novo, refeita e livre, na esfera dos seguidores do Mestre.

Pedi um tempo de reflexão, durante o qual orei e supliquei luz e força para acolher o caminho do serviço e de humildade do Senhor Jesus, que é também Servidor de todos. E agora que me batizei na noite pascal, posso dizer que também eu, como aquela mulher de Cafarnaum, vivi a experiência de ser libertada de minha febre: Jesus me tomou pela mão e me levantou com o poder de sua Ressurreição. Agora estou aprendendo, com a luz de seu Espírito, que a maior dignidade à qual podemos ser chamados consiste em fazer-nos servidores uns dos outros.

ENTRAR NA ORAÇÃO DE JESUS

Uma personagem misteriosa que aparece sob o título de "Servo", em quatro cânticos do livro de Isaías, pôde oferecer a Jesus inspiração para suas atitudes na missão que o Pai lhe confiou.

Como o Servo de que fala o profeta, também eu me sinto apoiado e preferido por ti, Pai. Teu Espírito repousa sobre mim e me vai revelando teu desejo de que fale a teus filhos não de obrigações e de leis, mas de tua misericórdia e de teu amor fiel.

Vou aprendendo que o que desejas de mim é um serviço realizado silenciosamente, sem gritar, nem clamar, nem vozeirar pelas ruas, mas oferecido a cada um de teus filhos e filhas com cuidado, para que nenhuma vida frágil, como uma cana rachada, se quebre; para que ninguém creia que o pavio de sua existência está definitivamente apagado. Porque tu, Pai, me envias precisamente a prestar esse serviço: o de soerguer as pessoas prostradas, animar os desalentados; convencer aos que já não esperam nem em ti nem em si mesmos que suas vidas possam voltar a arder e brilhar em tua presença; afastar de suas mentes essas imagens tuas de juiz severo ou de senhor exigente, que os fazem tremer, e recordar-lhes que és seu Criador e seu Pai, e que te comprazes em continuar dando força e alento aos que são obra de tuas mãos.

Conto contigo para esta tarefa, Pai; ajuda-me a não vacilar nem fraquejar sem que não a tenha levado a termo, e a não esquecer nunca estas palavras, nas quais encontro a força para levar adiante minha missão:

Eu, o Senhor, te chamei para o serviço da justiça,
tomei-te pela mão e te modelei,
eu te pus como aliança do povo,
como luz das nações,
a fim de abrir os olhos aos cegos,
a fim de soltar do cárcere os presos,
e da prisão os que habitam nas trevas [...]
Não temas, porque eu te resgatei,
chamei-te pelo teu nome: tu és meu.
Quando passares pela água, estarei contigo;
quando passares pelo fogo, não te queimarás,
a chama não te atingirá.
Com efeito, eu sou o Senhor, o teu Deus,
o Santo de Israel, o teu Salvador.
Por teu resgate dei o Egito,
a Etiópia e Sabá, dei-os em teu lugar.
Porque és precioso aos meus olhos,
és honrado e eu te amo,
Entrego pessoas no teu lugar
e povos pela tua vida.
Não temas, porque estou contigo,
do Oriente trarei a tua raça,

e do Ocidente te congregarei.
Direi ao Norte: 'Entrega-os!',
E ao Sul: 'Não o retenhas!
Reconduze os meus filhos de longe
e as minhas filhas dos confins da terra,
Todos os que são chamados pelo meu nome,
os que criei para a minha glória,
os que formei e fiz!'".
(Is 42,6-7; 43,1-7)

ESCOLHER A VIDA

A SABEDORIA DO REINO

LER O TEXTO

"O Reino de Deus é como um homem que lançou a semente na terra: ele dorme e acorda, de noite e de dia, mas a semente germina e cresce, sem que ele saiba como. A terra por si mesma produz fruto: primeiro a erva, depois a espiga e, por fim, a espiga cheia de grãos. Quando o fruto está no ponto, imediatamente mete-se a foice, porque a colheita chegou.

O Reino é também como um grão de mostarda, o qual, quando é semeado na terra — sendo a menor de todas as sementes da terra —, quando é semeado, cresce e torna-se maior que todas as hortaliças, e deita grandes ramos, a tal ponto que as aves do céu se abrigam à sua sombra" (Mc 4,26-32).

RELER A PARTIR DA MEMÓRIA DO CORAÇÃO

À luz do contexto bíblico...

No modo segundo o qual Deus conduz seu povo, existe sempre uma surpreendente desproporção entre os fins e os meios empregados. Desde o chamado de Abraão, fica evidente que sua estratégia na hora de formar para si um povo não é partir de algo grandioso, mas de um só homem, peregrino e estrangeiro. Por meio dele, depositário das promessas e da Aliança, a bênção divina abraçará toda a humanidade (Gn 12,1-3).

O Deuteronômio insiste nisso reiteradamente: "Se o Senhor se afeiçoou a vós e vos escolheu, não é por serdes o mais numeroso de todos os povos — pelo contrário: sois o menor dentre os povos! — e sim por amor a vós e para manter a promessa que ele jurou aos vossos pais; por isso o Senhor vos fez sair com mão forte e vos resgatou da casa da escravidão, da mão do faraó, rei do Egito" (7,7-8).

Contudo, não o fará ao ritmo que as pessoas consideram adequado, mas ao seu, mesmo que essa sabedoria de Deus seja considerada como estupidez (cf. 1Cor 1-2) e receba contestação e repúdio. São muitos os que consideram a si mesmos sábios, e sua tentação consiste em tentar adaptar os modos de agir de Deus à sua vontade. O profeta Isaías avisava assim a seus contemporâneos: "Ai dos que dizem: 'Avie-se ele, faça depressa a sua obra, para que a vejamos; apareça, realize-se o conselho do Santo de Israel, para que o conheçamos'" (Is 5,19).

Por isso o chamado profético se destina, com frequência, a abrir os olhos dos que não sabem descobrir a ação de Deus nas pequenas coisas: "Não fiqueis a lembrar coisas passadas, não vos preocupeis com acontecimentos antigos. Eis que vou fazer uma coisa nova, ela já vem despontando: não a percebeis?" (Is 43,18), e a recordar a distância entre os planos divinos e os humanos: "Os meus pensamentos não são os vossos pensamentos, e os vossos caminhos não são os meus caminhos" (Is 55,9).

Nessa mesma direção vai outra parábola de Mateus: "O Reino dos Céus é semelhante ao fermento que uma mulher tomou e pôs em três medidas de farinha, até que tudo ficasse fermentado" (Mt 13,33). Deus reserva-se o direito de atuar como quer e de fazer aparecer seu Reino sob qualquer aspecto, muito alem de nossas aspirações secretas de esplendor e de triunfo.

... *descobrir o texto...*

A primeira parábola gira em torno de três termos: *homem*, *semente* e *terra* (podemos percebê-lo mais claramente se fizermos três colunas e escrevermos abaixo o que se diz de cada um dos três). Dentre eles, o homem e a terra são os que ocupam maior espaço.

- A iniciativa do *homem* aparece em dois verbos: *semear* e *meter a foice*. Ao lado dessas duas ações que expressam sua decisão encontram-se as demais: *dormir* e *levantar-se*, apoiadas pelos substantivos *noite* e *dia*. Junto ao elemento da decisão aparece o da duração. Ao longo desse período de duração e de maturação, o papel do homem em relação à semente que ele semeou é passivo. Existe, portanto, uma oposição entre instante e duração, entre iniciativa e passividade. O homem é também sujeito de outro verbo: *não saber*, ou seja, não domina nem controla o crescimento da semente. E esta será a expressão central do texto: da semente, diz-se que cresce *por si mesma*: enquanto o homem interrompe sua atividade para dormir, a semente não detém jamais sua germinação.

- Da *semente* apenas se diz que *germina* e *cresce* até a colheita.

- Em torno da *terra* gravitam outros tantos termos: *semente, erva, espiga, grãos...* A ênfase é posta na espiga madura, mas também aparece a evolução necessária para chegar a ela.[1]

---

[1] Notas do curso de P. Bacq sobre "Las parábolas del Reino".

A parábola da semente de mostarda põe pelo avesso todas as grandiosas ideias sobre aquilo a que seria semelhante o Reino de Deus quando se fizer presente: Jesus apresenta uma nova sabedoria, segundo a qual as coisas contam e valem de maneira absolutamente diferente dos antigos saberes e crenças.

... como Palavra para hoje

Na origem dessas duas parábolas está, certamente, a própria experiência de Jesus, que, no silêncio de sua oração e diante da verdade do Pai, recebia dele a sabedoria de viver livre tanto da ansiedade quanto da paralisia que as dificuldades e os fracassos provocam.

A parábola nos comunica uma de suas convicções mais profundas: Deus e o ser humano, aliados para que o Reino nasça, cresça e dê fruto. Se nós não tomarmos a decisão de semear no momento oportuno, o Reino não germinará, porque a semente que se guarda no celeiro não dá fruto. Deus não faz o Reino frutificar sem nossa colaboração; no entanto, nossa ação de semear implica, ao mesmo tempo, a confiança de abandonar nossa ação a seu dinamismo criador. A lentidão dos processos de amadurecimento nos convida à paciência e à esperança, e a encarar esse "não saber" de quem não possui o controle nem tenta dominar os processos, o "jeito" e o ritmo de Deus.

As duas parábolas de Marcos coincidem com esta afirmação de Ira Progoff, um psicólogo contemporâneo, na qual aparece a mesma convicção esperançosa no dinamismo escondido que existe, na natureza e no ser humano, para levar à plenitude aquilo que esconde como segredo de sua identidade: "Como o carvalho está latente no fundo da bolota, a plenitude da pessoa humana, a totalidade de suas possibilidades criadoras e espirituais estão latentes no ser humano incompleto, que espera, em silêncio, a oportunidade de florescer".

DEIXAR RESSOAR A PALAVRA

Fala um cristão da comunidade de Roma

Já se haviam passado várias semanas desde a visita de Lúcio, membro da comunidade de Tessalônica, mas em nossa comunidade de Roma ainda estávamos sob o impacto de suas palavras. Enquanto o escutávamos, todos nos havíamos contagiado um pouco com sua exaltada expectativa da próxima vinda do Senhor e de sua convicção avassaladora de um retorno iminente de Jesus:

— Vocês não veem que é inútil trabalhar para acelerar sua vinda? Não se dão conta de que, tanto em Tessalônica quanto em Roma, somos um grupo insignificante, que, apesar de nossos esforços, não cresce em número ao ritmo que desejaríamos e que somente uns poucos se decidem a receber o batismo? Tudo isso é sinal de que o próprio Senhor vai encarregar-se disso, e nós devemos despreocupar-nos de tudo e esperar ansiosos sua vinda.

Silvano recordou-lhe a carta que Paulo lhes havia escrito havia alguns anos, moderando suas expectativas, e exortando-os a viver, juntamente com uma esperança serena, num trabalho diligente e perseverante. Lúcio confessou pertencer a uma ala da comunidade que não havia acolhido de bom grado essa carta e que, ainda que um pouco mais discretamente, continuava convencida de que o retorno do Senhor estava próximo.

No momento de sua visita, nossa comunidade estava atravessando momentos de confusão e de transtorno, e alguns dos nossos haviam manifestado publicamente sua decepção pela delonga do Senhor e pela lentidão do avanço de seu Reino. Continuávamos sendo um grupinho insignificante em meio a uma metrópole imensa, na qual pululavam toda classe de cultos e de superstições religiosas, e quase ninguém manifestava interesse pelo anúncio de um Messias crucificado e ressuscitado. As promessas de Jesus não pareciam cumprir-se, e o desânimo e os questionamentos que muitos abrigavam no coração se haviam reacendido com as palavras de Lúcio.

Encontrávamo-nos nessa situação quando Marcos regressou de uma de suas viagens, e nos reunimos em torno dele para celebrar a ceia do Senhor. Alguém devia ter-lhe contado da perplexidade e do mal-estar em que nos encontrávamos, porque avisou que iria dedicar à instrução mais tempo do que o costumeiro. Começou por recordar, como sempre, o que nos havia narrado sobre Jesus em nosso último encontro: a explicação da parábola do semeador. Disse:

— Desta vez, quero contar-lhes outras duas parábolas de Jesus. Escutem: "O Reino de Deus é como um homem que lançou a semente na terra: ele dorme e acorda, de noite e de dia, mas a semente germina e cresce, sem que ele saiba como. A terra por si mesma produz fruto: primeiro a erva, depois a espiga e, por fim, a espiga cheia de grãos. Quando o fruto está no ponto, imediatamente mete-se a foice, porque a colheita chegou. O Reino é também como um grão de mostarda, o qual, quando é semeado na terra — sendo a menor de todas as sementes da terra —, quando é semeado, cresce e torna-se maior que todas as hortaliças, e deita grandes ramos, a tal ponto que as aves do céu se abrigam à sua sombra".

Como de costume, deixou-nos um momento em silêncio para que cada um pudesse assimilar o que havia escutado, e somente depois começou a dar-nos sua interpretação e a escutar as nossas. Jamais esquecerei o que descobrimos juntos naquele dia: em nossa humilde comunidade, perdida em meio ao Império, estava já escondida toda a plenitude do Reino, e a força da Palavra, maior do que todos os poderes deste mundo, apesar de sua aparente insignificância, é capaz de transformar qualquer realidade. Nós mesmos, tal como os discípulos que escutavam essas comparações de Jesus, somos o grão pequeno e quase invisível em meio ao campo, mas somos chamados a converter-nos em uma árvore onde os pássaros fazem seus ninhos. Não nos cabe controlar o crescimento, nem preocupar-nos com ele, não com a atitude de quem se desentende completamente, como o grupo de Tessalônica, mas aceitando que nossa tarefa é semear a semente e meter a foice quando tiver crescido, sem viver ansiosos por acelerar seu crescimento nem acabrunhados porque seu ritmo não é tão rápido como desejaria nossa impaciência.

A sabedoria de Jesus que Marcos nos transmitia serenava nossa ansiedade e curava nossas obsessões pela eficácia e pela visibilidade imediata do Reino. Por isso, quando, ao cair da noite, partimos o pão, recordando-o, agradecemos porque em todos nós estava semeada e em desenvolvimento a mesma semente que o havia feito aceitar, em obediência filial, que o dom do crescimento pertence ao Pai. E também a esperança de poder contar com sua promessa de que, de um começo sem aparências, pode seguir-se um futuro inesperado.

ENTRAR NA ORAÇÃO DE JESUS

Imagina que estás junto dele, em uma de suas noites de oração. Ele escutou, na sinagoga, esta leitura do profeta Isaías:

Como a chuva e a neve descem do céu
e para lá não voltam sem terem regado a terra,

tornando-a fecunda e fazendo-a germinar,
para que dê semente ao semeador e pão ao que come,
tal ocorre com a palavra que sai da minha boca:
ela não torna a mim sem fruto;
antes, ela cumpre a minha vontade
e assegura o êxito da missão para a qual a enviei.
(Is 55,10-11)

Procura entrar em seus sentimentos, em seu sentir-se, ele próprio, esta semente pequena como a de mostarda, semeada no mundo pelo Pai, a fim de voltar a ele carregada de fruto, mesmo que para isso tenha de pagar o preço de morrer no fundo da terra.

Fala com Jesus de como vives esse "componente de prorrogação" que o Evangelho se encarrega sempre de recordar-nos quando nos empenhamos em aplicar "às coisas de Deus" nossa própria pressa e impaciência. Expõe diante dele o desânimo que talvez te acomete diante da lentidão do crescimento de seu Reino; pede-lhe que te ensine a contemplar sementes de esperança presentes no mundo e que ilumine teu olhar para descobrir e admirar a força de vida de tanta gente que, a cada manhã, se levanta e se põe a caminho; dos que trabalham incansavelmente pela paz e pela reconciliação, dos que atravessam situações terríveis sem perder o ânimo nem a fé. Porque, mesmo que seja como um grão de mostarda, tudo isso encerra a promessa de converter-se em uma grande árvore.

ESCOLHER A VIDA

MÉDICO COMPASSIVO

LER O TEXTO

"Ora, certa mulher que havia 12 anos tinha um fluxo de sangue e que muito sofrera nas mãos de vários médicos, tendo gasto tudo o que possuía sem nenhum resultado, mas cada vez piorando mais, tinha ouvido falar de Jesus. Aproximou-se dele, por detrás, no meio da multidão, e tocou-lhe a roupa. Ela dizia: 'Se ao menos tocar as suas roupas, serei salva'.

Imediatamente a hemorragia estancou. E ela sentiu no corpo que estava curada de sua enfermidade. Jesus, tendo consciência da força que dele saía, voltou-se para a multidão e disse:

— Quem tocou minhas roupas?

Os discípulos disseram-lhe:

— Estás vendo a multidão que te comprime e perguntas 'Quem te tocou'? Jesus olhava em torno de si para ver quem havia feito aquilo. Então a mulher, amedrontada e trêmula, sabendo o que lhe tinha sucedido, foi e caiu-lhe aos pés e contou-lhe toda a verdade. E ele disse a ela:

— Minha filha, a tua fé te salvou; vai em paz e estejas curada desse teu mal" (Mc 5,25-34).

RELER A PARTIR DA MEMÓRIA DO CORAÇÃO

À luz do contexto bíblico...

Podemos entender melhor o texto lendo as prescrições do Levítico em torno da impureza da mulher:

> Quando uma mulher tiver um fluxo de sangue de diversos dias, fora do tempo das suas regras, ou se as suas regras se prolongarem, estará, durante toda a duração do fluxo, no mesmo estado de impureza em que esteve durante o tempo das suas regras. Assim será para todo leito sobre o qual ela se deitar, durante todo o tempo de seu fluxo, como o foi para o leito em que se deitou quando das suas regras. Todo móvel sobre o qual se assentar ficará impuro, como quando das suas regras. Quem o tocar ficará impuro, deverá lavar suas vestes, banhar-se em água, e ficará impuro até a tarde. (Lv 15,25-27)

A alusão ao manto é intencional, visto que de suas extremidades pendem as franjas rituais:

> Iahweh falou a Moisés e disse: "Fala aos filhos de Israel: tu lhes dirás, para as suas gerações, que façam borlas nas pontas das suas vestes e ponham um fio de púrpura violeta na borla da ponta. Trareis, portanto, uma borla, e vendo-a vos lembrareis de todos os mandamentos de Iawheh. E os poreis em prática, sem jamais seguir os desejos do vosso coração e dos vossos olhos, que vos têm levado a vos prostituir. Assim vós vos lembrareis de todos os meus mandamentos e os poreis em prática e sereis consagrados ao vosso Deus. Eu sou Iahweh vosso Deus, que vos tirei da terra do Egito, a fim de ser vosso Deus, eu, Iahweh vosso Deus". (Nm 15,37-40)

Em um texto do profeta Ezequiel, também aparece uma mulher em relação com o sangue e o manto de Iahweh:

Assim diz o Senhor Iahweh a Jerusalém: "Por tua origem e por teu nascimento, tu procedeste da terra de Canaã. Teu pai era amorreu e tua mãe, heteia. Por ocasião do teu nascimento, ao vires ao mundo, não cortaram o teu cordão umbilical, não foste lavada para a tua purificação, não foste esfregada com sal nem foste enfaixada. Nenhum olhar de piedade pousou sobre ti, disposto a fazer-te qualquer dessas coisas por compaixão de ti. No dia em que nasceste, foste atirada em pleno campo, tal era a indiferença que te mostravam. Ao passar junto de ti, eu te vi a estrebuchar no teu próprio sangue. Vendo-te envolta em teu sangue, eu te disse: 'Vive!'. Fiz com que crescesses como a erva do campo. Cresceste, te fizeste grande, chegaste à idade núbil. Os teus seios se firmaram, a tua cabeleira tornou-se abundante, mas estavas inteiramente nua. Passei junto de ti e te vi. Era o teu tempo, tempo de amores, e estendi a aba da minha capa sobre ti e ocultei a tua nudez; comprometi-me contigo por juramento e fiz aliança contigo — oráculo do Senhor Iahweh — e tu te tornaste minha". (16,3-8)

Em outros textos bíblicos, o *manto* aparece como símbolo da pessoa: na entrada de Jesus em Jerusalém, as pessoas "estendiam seus mantos pelo caminho" (Lc 19,36), como expressão de entrega de toda a sua pessoa; o cego Bartimeu, "deixando seu manto, levantou-se e foi até Jesus" (Mc 10,50): estava deixando de lado toda a sua vida anterior. Durante a última ceia, "Jesus levanta-se da mesa, depõe o manto..."(Jo 13,4), como gesto de seu absoluto desprendimento de si mesmo.

... descobrir o texto...

Os evangelistas não separam jamais a história da cura da hemorroíssa da ressurreição da filha de Jairo, como se os vissem unidos por um vínculo secreto.

A mulher é anônima, está sozinha, arruinada e por trás dela não se vislumbram parentes ou amigos. Sua perda de sangue, além de torná-la estéril, encaminha-a para a não vida e a situa no mundo da impureza, da vergonha e da desonra; por isso não se atreve a fazer seu pedido em público. Um abismo separa Jesus dessa mulher: se ela o toca, ele fica impuro. Ela se achega movida pelo que ouviu acerca de Jesus e, em seu gesto de tocá-lo, aparece seu desejo de alcançar a fonte de um dom que só pode ser recebido gratuitamente, em contraste com a fortuna gasta inutilmente com médicos. Seu contato com ele se reduz a algo mínimo, como que na fronteira de sua pessoa. Em meio à multidão, tanto ela quanto ele aparecem vinculados por um "saber" que os demais não possuem: Jesus sabe que dele saiu uma força, e a mulher sabe que se estancou a fonte de sua enfermidade.

Mas, para Jesus, não basta curá-la, e não fica satisfeito enquanto não entabular com ela um diálogo interpessoal, no qual ela lhe diz "toda a verdade". A cura recebida abarca, pois, não somente seu corpo, mas também seu espírito, seus temores e sua vergonha, que desaparecem na confiança do diálogo e na experiência de ser reconhecida, escutada e compreendida.

Ela esperava ser salva na passiva, mas Jesus emprega o verbo na ativa, e situa nela o poder que a salvou: a mulher se vai não apenas curada, mas tendo escutado uma bem-aventurança por causa de sua fé e tendo recebido o nome de "filha", um título familiar raro nos Evangelhos. Alguém se converteu em seu valedor, como Jairo o é de sua filha, e a declara incluída na família do Pai, distante de qualquer exclusão. Pela sua fé, a mulher sintonizou-se com o universo do Reino e entrou nele.[1]

---

[1] Cf. DELORME, J. *Au risque de la parole*. Paris: Seuil, 1991. pp. 57-86.

... como Palavra para hoje

O texto propõe-nos fazer nossa a experiência da mulher: tomar consciência, em primeiro lugar, do lugar por onde "se nos está escapando a vida", dar-nos conta de nossas "perdas", daqueles aspectos de nossa existência que nos fazem sentir-nos estéreis. O texto nos faz penetrar no paradoxo da fé, convidando-nos a crer que nosso poder reside precisamente em nossos limites e impotências, reconhecidos e assumidos. Somos chamados também a deixar para trás nossos medos, a ir para além de nossas expectativas, a confiar de maneira diferente daquela prevista. E a esperar uma salvação que acontece no encontro interpessoal com Jesus, na acolhida de seu convite para "entrar em sua família", como verdadeiros filhos.

DEIXAR RESSOAR A PALAVRA

Fala Sorano, um médico grego

Quando meu servo Jubal me anunciou que Salima havia chegado e queria ver-me, perguntei-me com inquietude se seu estado de saúde se havia agravado. Fazia tempo que se tinha ouvido o som grave do *sofar* anunciando o começo do sábado e, ainda que não seja judeu, mas grego, há muito tempo vivo em Jerusalém e conheço bem as prescrições em torno do repouso sabático que Salima estava surpreendentemente infringindo. Se vinha visitar-me depois que no céu aparecera a primeira estrela, momento em que começa o sábado, era porque suas condições de saúde tinham piorado. Contudo, por outro lado, como não me havia avisado para que eu fosse visitá-la em sua casa, como havia feito em outras ocasiões?

Conhecia esta mulher havia tempo e, desde o primeiro momento, inspirou-me uma viva simpatia a fortaleza com que suportava uma enfermidade que a afligia havia mais ou menos 12 anos, e a tenacidade com que lutava para curar-se. Minha admiração e minha compaixão por ela haviam aumentando à medida que me ia adentrado mais no conhecimento das tradições judaicas, visto que, no mundo em que vivia, a hemorragia de que padecia era considerada muito mais grave do que uma simples enfermidade: conforme a legislação judaica, uma mulher que padecesse de hemorragias frequentes ficava confinada no âmbito da impureza e num estado de indignidade, imundície e degradação difíceis de um grego culto como eu compreender. Por isso, à penosa limitação corporal que a impossibilitava para a maternidade somava-se uma exclusão social e religiosa, e uma desonra mais cruel ainda do que a própria esterilidade.

Eu havia utilizado todos os remédios que conhecia graças aos meus estudos da medicina, mas tudo se havia mostrado inútil. Soube que tinha recorrido a outros médicos, e não a censurei por isso, tamanho era seu desespero e sua ânsia de curar-se. Agora estava arruinada e não havia podido pagar-me suas últimas visitas.

Quando a vi, fiquei atônito: a mulher que estava perante mim nada tinha a ver com a que eu conhecia. Seu olhar sombrio estava agora radiante; a cor voltara a seu rosto, sua expressão, antes confusa, tinha sido substituída por um sorriso, e estava diante de mim, ereta e expectante, com um evidente desejo de contar-me o que havia acontecido.

Escutei em silêncio sua assombrosa narrativa: seu obstinado convencimento de que aquele *rabbi* galileu de quem todos falavam podia curá-la; a decisão de incorporar-se à multidão que o acompanhava, os empurrões que deu até conseguir tocar, por trás, a borda de seu manto e a sensação inconfundível de uma corrente de vitalidade que chegava até ela e fazia desaparecer seu mal. Falou-me de sua tremenda confusão quando o *rabbi* voltou-se perguntando quem o havia tocado e da força misteriosa que a fez confessar em voz alta que havia sido ela:

— Então, ele me olhou, fazendo desaparecer de mim qualquer resquício de temor, e tive a sensação de que, em meio a toda a multidão, estávamos somente nós dois. Chamou-me de "filha", e afirmou que não fora ele, mas sim minha confiança que me havia curado, e que eu podia partir em paz. Percebes, Sorano? De novo sou alguém que pode olhar de frente, e meu ventre pode ainda gerar vida. Contudo, creio que poder expressar diante daquele homem o que estive ocultando durante tanto tempo é o que me fez sentir-me envolta em dignidade e em justiça. Algo em seu olhar dizia-me que não tinha por que envergonhar-me de nada, que ninguém poderia tirar-me a paz profunda que ele me concedia e que, até se minha enfermidade tivesse continuado, eu poderia considerar-me salva e abençoada.

Quando terminou seu relato, voltou a agradecer-me o afeto e o interesse com que sempre a havia tratado, e se foi. Abri, pois, a pequena bolsa com que havia insistido em pagar-me e olhei para o dinheiro com uma sensação estranha: sentia que aquelas moedas não me cabiam, porque não tinha sido eu quem a curara. Mas também sabia que, com elas, jamais teria podido pagar o que havia feito a ela o *rabbi* da Galileia. Ele a tinha tirado do círculo estreito das transações econômicas e conduzido ao campo aberto da gratuidade e das relações pessoais.

Com certa tristeza, dei-me conta de que eu, com toda a minha ciência, nunca terei a força misteriosa daquele homem que havia arrebatado Salima das sombras da morte e tinha feito dela uma nova mulher.

ENTRAR NA ORAÇÃO DE JESUS

Imagina que acompanhas Jesus em sua oração ao entardecer do dia em que curou a mulher do fluxo de sangue. Escuta-o falando com o Pai do que ele viveu naquele encontro:

— Tua força, Pai, passou hoje através de mim, para curar uma mulher que se aproximara de mim, sem que me desse conta, enquanto a multidão me comprimia. Estávamos a caminho para a casa de Jairo, cuja filha estava nas últimas, e eu soube que tinha de tornar presente naquele lugar de morte um sinal do Deus da vida. Todavia, ainda não sabia que essa vida tua ia alcançar alguém mais durante o trajeto, e esta noite quero dar-te graças por isso.

Percebi, imediatamente, em meio aos empurrões das pessoas, que tua energia sanadora agira através de mim e me detive, buscando, entre tantos rostos, algum em que aparecessem os vestígios de ter passado da esfera da morte para a da vida e da cura. Quando perguntei, em voz alta, quem me havia tocado, ninguém compreendeu minha pergunta, me apontaram a turba que me rodeava. Somente depois de alguns instantes ouviu-se uma voz trêmula de mulher, que dizia: "Fui eu", e todos voltaram o olhar para ela, enquanto abria passagem para chegar até mim.

A princípio, não entendi o porquê do murmúrio que se espalhou entre a multidão, nem por que retrocediam para evitar que ela os tocasse. Muitos já deviam saber o que ela, com voz entrecortada, me contou: padecia de hemorragia havia 12 anos e havia gastado inutilmente com médicos toda a sua fortuna. Atrevera-se a tocar-me, consciente de que podia fazer-me participar de sua impureza, porém convencida de que somente por tocar a borda de meu manto ficaria curada. E, ao fazê-lo, sentiu imediatamente que havia cessado a fonte de suas hemorragias.

Enquanto falava, em torno de nós se havia feito um silêncio que podia ser cortado com uma faca: aquela mulher anônima representava todos os excluídos de nosso sistema legal, era a personificação de todos os impuros, os indignos, os incapacitados, por causa de sua mancha, de ter acesso à esfera divina; daqueles que, seguramente culpáveis de pecados ocultos, semearam a seu redor vergonha e risco de contágio. Ela havia ousado tocar-me e, conforme a norma levítica e, portanto, de acordo com a exigência divina, eu ficara impuro até a tarde, e teria de lavar minha túnica e banhar-me, se quisesse escapar da mancha que me havia contaminado.

Então, compreendi do que é que falavam os salmos quando dizem que tu és uma tenda de refúgio para os que estão acossados por seus inimigos: tua presença não reside num templo ao qual somente têm aceso uns poucos eleitos que se creem a salvo da impureza porque vivem distanciados do suor, das lágrimas ou do sangue de seus irmãos. Tu fincaste tua tenda no meio dos teus e quiseste fazer dela um lugar no qual estejam a salvo todos os que são vítimas do desamparo, do fracasso, do empobrecimento e da desolação.

E, visto que não queres nem sacrifícios, nem holocaustos, nem careces de muros de pedra que te defendam, enviaste a mim, homem vulnerável como eles, sem outra proteção que não a tua. Contudo, apesar dessa fragilidade de minha carne, sei que sou para eles espaço no qual encontram amparo, teto que os protege da chuva e do calor, abrigo cálido no qual podem refazer-se. Reconheço tua vontade neste desejo que habita em mim de tornar verdadeiras, para cada um, as palavras de Abigail a Davi:

> E se alguém se levantar para te perseguir e para atentar contra a tua vida, a vida do meu senhor estará guardada no bornal da vida com Iahweh teu Deus (1Sm 25,29).

Era isso o que eu queria transmitir à mulher e também a todos os que nos rodeavam quando lhe disse: "Coragem, filha! Tua fé te salvou. Vai em paz e fica curada de tua doença".

Houve espanto entre a multidão: estavam-se estourando os velhos odres da lei, incapazes de conter o vinho novo de tua novidade, e todo um sistema de tradições acerca da pureza e da impureza estava desmoronando. Os muros do templo, erigido em tua honra, enchiam-se de frestas, deixando a descoberto seu culto inútil, e restava apenas eu, como uma tenda de beduíno no meio do deserto, sem defesas nem cimentos, capaz, porém, de estender sua lona para acolher todos os caminhantes perdidos, todos os fatigados e derrotados, todos os perseguidos pelos poderes da morte.

Veio-me à memória o salmo do pastor:

> Diante de mim preparas a mesa,
> à frente dos meus opressores;
> unges minha cabeça com óleo,
> e minha taça transborda.
> Sim, felicidade e amor me seguirão
> todos os dias da minha vida;
> minha morada é a casa do Senhor
> por dias sem fim.
> (Sl 23,5-6)

Minhas palavras de ânimo haviam ungido com perfume a cabeça daquela mulher, e a taça de sua vida resgatada agora transbordava de júbilo: estava de novo incluída em tua Aliança, membro de pleno direito de um povo de reis, de uma assembleia santa, de uma nação sacerdotal.

Quando se foi, vi-a afastar-se escoltada por tua ternura e por tua força, e te bendisse por isso, e também porque, graças a ela, voltaste a revelar-te uma vez mais, como um Deus refúgio de perdedores e vencidos, como asilo de órfãos e desvalidos.

ESCOLHER A VIDA

INIMIGO DA COBIÇA

LER O TEXTO

"Depois lhes disse:
— Precavei-vos cuidadosamente de qualquer cupidez, pois, mesmo na abundância, a vida do ser humano não é assegurada por seus bens.

E contou-lhes uma parábola: "A terra de um rico produziu muito. Ele, então, refletia: 'Que hei de fazer? Não tenho onde guardar minha colheita'. Depois pensou: 'Eis o que farei: demolirei meus celeiros, construirei maiores e lá recolherei todo o meu trigo e os meus bens. E direi à minha alma: "Minha alma, tens uma quantidade de bens em reserva para muitos anos; repousa, come, bebe, regala-te"'. Mas Deus lhe diz: 'Insensato, nessa mesma noite ser-te-á reclamada a alma. E as coisas que acumulaste, de quem serão?' Assim acontece àquele que ajunta tesouros para si mesmo, e não é rico para Deus".

Depois disse a seus discípulos:
— Por isso vos digo: não vos preocupeis com a vida, quanto ao que haveis de comer, nem com o corpo, quanto ao que haveis de vestir. Pois a vida é mais do que o alimento e o corpo mais do que a roupa. Olhai os corvos: eles não semeiam nem colhem, não têm celeiro nem depósito; mas Deus os alimenta. Quanto mais valeis vós do que as aves! Quem dentre vós, com as suas preocupações, pode prolongar por

um pouco a duração de sua vida? Portanto, se até as coisas mínimas ultrapassam o vosso poder, por que preocupar-vos com as outras? Considerai os lírios, como não fiam, nem tecem. Contudo, eu vos asseguro que nem Salomão, com todo o seu esplendor, se vestiu como um deles. Ora, se Deus veste assim a erva do campo, que existe hoje e amanhã será lançada no forno, quanto mais a vós, homens fracos na fé! Não busqueis o que comer ou beber; e não vos inquieteis! Pois são os gentios deste mundo que estão à procura de tudo isso; vosso Pai sabe que tendes necessidade disso. Pelo contrário, buscai o seu Reino, e essas coisa vos serão acrescentadas. Não tenhais medo, pequenino rebanho, pois foi do agrado do vosso Pai dar-vos o Reino! Vendei vossos bens e dai esmolas. Fazei bolsas que não fiquem velhas, um tesouro inesgotável nos céus, onde o ladrão não chega nem a traça rói. Pois onde está o vosso tesouro, aí estará também vosso coração" (Lc 12,15-34).

RELER A PARTIR DA MEMÓRIA DO CORAÇÃO

À luz do contexto bíblico...

A propriedade dos bens é uma das principais encruzilhadas da vida, o lugar onde se gera o melhor e o pior do ser humano. À relação com os bens poder-se-ia aplicar o aviso do Deuteronômio:

O Senhor disse a Moisés: "Eis que hoje estou colocando diante de ti a vida e a felicidade, a morte e a infelicidade [...] eu te propus a vida ou a morte, a bênção ou a maldição. Escolhe, pois, a vida, para que vivas tu e a tua descendência, amando ao Senhor, teu Deus, obedecendo à sua voz e apegando-te a ele. Porque disto depende a tua vida e o prolongamento dos teus dias. E assim poderás habitar sobre este solo que o Senhor jurara dar a teus pais, Abraão, Isaac e Jacó".

(30,15.19-20)

Os "caminhos de vida ou de morte", no momento de escolher a posse, recebem nomes diferentes, aparecem descritos sob mil imagens e são o tema de uma infinidade de narrações. Por meio dessas, o leitor aprende modelos de comportamento, e suas personagens convertem-se em ícones nos quais se vê refletido. Estas são algumas das "diretrizes" que percorrem o AT em relação à posse dos bens:

- Toda posse é um dom de Deus, e o crente deve reconhecê-lo e agradecer-lhe.

A narrativa do maná (Ex 16), que reflete acerca da maneira de relacionar-se com os bens, fala em termos de revelação ("esta tarde sabereis e amanhã cedo vereis...") que permite conhecer melhor a Deus e compreender muitas reações humanas perante a posse. Por um lado, revela nossa carência e insuficiência radicais: a vida, simbolizada pelo alimento, não procede de nós, mas a recebemos de Outro. Deus dá-se a conhecer não como "aquele que faz morrer no Egito", senão como quem está sempre a favor da vida de seu povo, tirando-o da escravidão e alimentando-o no deserto, como uma mãe a seus filhos. E dá a conhecer sua glória precisamente nesse gesto de possibilitar e conceder a vida; é o mesmo sinal que Jesus dará na multiplicação dos pães e no dom da Eucaristia.

Ensina a seu povo a sabedoria de "recolher apenas o necessário", porque tudo o que se retém apodrece; ele os conduz até o gozo do sábado, essa dimensão da vida humana que não se sacia com o alimento corporal; o maná, convertido em "memorial" do que fez por eles no passado, alimentando-os no tempo da fome, torna possível aos israelitas caminhar livres, sem acumular possessões.

- A propriedade está sempre marcada por consequências sociais.

A terra pertence a Iahweh, que a criou (Lv 25,23; Js 22; Jr 16,18...); quanto aos proprietários humanos, embora recebam esse nome, não passam de administradores que devem respeitar sempre a vontade do autêntico dono: Deus. E ele quer que aqueles que se viram obrigados a vender suas terras recuperem-nas quando da chegada do ano jubilar: "As terras não se venderão a título definitivo, pois a terra me pertence" (Lv 25,23). A função social da propriedade se manifesta igualmente na proibição de os proprietários de terra recolherem a colheita inteira, a fim de que também os pobres pudessem beneficiar-se daquilo que produziam os campos do Pai de todos (Dt 24,19-22; Lv 19,9-10; 23,22). A cada sete anos a terra devia ficar sem cultivo, e todos podiam recolher o que nela crescesse espontaneamente (Ex 23,10-12). Ademais, durante os anos sabáticos, as dívidas israelitas prescreviam (Dt 15,1-3.9).

- É preciso estar atentos ante a tentação da idolatria que o dinheiro exerce.

O episódio do bezerro de ouro (Ex 32) convida a descobrir a dinâmica perversa da cobiça que desemboca na idolatria:

Quando o povo viu que Moisés tardava em descer da montanha, congregou-se em torno de Aarão e lhe disse: "Vamos, faze-nos um deus que vá à nossa frente, porque a esse Moisés, a esse homem que nos fez sair da terra do Egito, não sabemos o que lhe aconteceu". Aarão respondeu-lhes: "Tirai os brincos de ouro das orelhas de vossas mulheres, de vossos filhos e filhas, e trazei-mos". Então, todo o povo tirou das orelhas os brincos e os trouxeram a Aarão. Este recebeu o ouro das suas mãos, o fez fundir em um molde e fabricou com ele uma estátua de bezerro. Então, exclamaram: "Este é o teu Deus, ó Israel, o que te fez subir da terra do Egito". (32,1-5)

- Os bens partilhados possuem um misterioso poder multiplicador.

Esta é a convicção que o episódio da viúva de Sarepta transmite, quando Elias lhe pede que reparta com ele o pouco que tem:

Pois assim fala Iahweh, Deus de Israel: "A vasilha de farinha não se esvaziará e a jarra de azeite não acabará até o dia em que Iahweh enviar a chuva sobre a face da terra". Ela partiu e fez como Elias dissera, e comeram, ela, ele e sua casa, durante muito tempo. A vasilha de farinha não se esvaziou e a jarra de azeite não acabou, conforme a predição que Iahweh fizera por intermédio de Elias. (1Rs 17,14-16)

No NT, a parábola do homem que acumulava trigo em seus celeiros (Lc 12,16-22), com linguagem diferente, volta a situar-nos diante do dinamismo da acumulação que aparecia no texto do maná: ali, o alimento que se guardava para o dia seguinte enchia-se de vermes; aqui, o final revela algo mais dramático: a inutilidade dos bens acumulados na hora de confrontar-se com o término da vida. O que ali fazia sorrir agora surpreende por sua evidência e sua irreversibilidade.

As palavras do final dos tempos se voltam reiteradamente para esse tema, e em todas o desenlace final ("a salvação") é colocado em relação não com o que costumamos chamar de "temas espirituais", mas com o material concreto: alimentos que se distribuem ou que são abusivamente retidos, chegando-se a maltratar os que eram seus destinatários (Mt 24,1-12); lâmpadas de azeite que são cuidadas ou descuidadas (Mt 25,1-12); talentos com os quais se negocia ou que são escondidos em um buraco (Mt 25,14-30); pão, água, abrigo, roupa, que se partilham ou não com os irmãos mais pequeninos (Mt 25,31-35).

... descobrir o texto...

Esta parábola é um dos poucos textos evangélicos nos quais Jesus não fala contra a riqueza em tons proféticos, mas em estilo sapiencial: o leitor tira a conclusão de que o pior do homem que acumulava não é seu comportamento imoral, mas sua estupidez. E para Jesus essas duas dimensões parecem coincidir, e o que ele desautoriza é a ânsia vital de viver "entesourando para si", algo que pode ser feito com os bens, com o poder, com os saberes... A parábola estende a lição para além da acumulação de bens econômicos, de modo que *viver entesourando para si* aparece como a conduta mais néscia que um ser humano pode ter.

O Evangelho de Lucas emprega, com muita frequência, termos relacionados com a posse: *armazém, despensa, vender, repartir a herança, cobiça, posse, frutos, celeiros, bens, tesouro, amontoar riquezas, preocupar-se, administração, dever, devedor, dinheiro...*

Em sua versão das bem-aventuranças (6,20-26), em vez de dizer, como Mateus, "pobres de espírito", Lucas diz "pobres", simplesmente. Ele se refere a uma pobreza espiritual que não consiste em "possuir sem avidez", mas em entregar, em vez de acumular. A riqueza é porta de entrada para essa dinâmica de apropriação do ter-prazer-poder, na qual o NT vê a raiz de todo pecado (cf. 1Tm 6,10).[1]

---

[1] Cf. GONZÁLEZ FAUS, J. I. La filosofía de la vida de Jesús de Nazaré. *Sal Terrae*, pp. 275-289, abr./1988.

... *como Palavra para hoje*

Tem-se a impressão de que a personagem da parábola participa da experiência que este texto de J. P. Sartre expressa:

> Tudo se torna viscoso, pegajoso. De início, dá a impressão de um objeto que se pode possuir, mas, no exato momento em que se crê possuí-lo, acontece uma curiosa reviravolta, e é esse objeto que começa a tomar posse de mim. Nesse momento, percebo imediatamente a armadilha do viscoso: é uma fluidez que me retém e me coloca em apuros: não consigo libertar-me dele porque suas ventosas me retêm... Então o viscoso sou eu.

"Em toda vida humana, chega o momento em que a pessoa abre os olhos e diz a si mesma com uma enorme vertigem: 'Na verdade, não fiz mais do que viver para mim mesma'. Com as riquezas, com os saberes, com os próprios recursos ou com o que quer que seja, dá-se conta de que viveu 'entesourando para si' e, de repente, essa forma de viver se lhe afigura como estúpida e infecunda. É um momento que pode ser muito duro e, ao mesmo tempo, muito fecundo se se consegue sair do poço pela certeza da acolhida de Deus e de que a mão de Deus terá sabido tirar, dessa massa egoísta, uma pequena melodia de desinteresse e de fraternidade. A redenção que o Evangelho propõe para esta situação é a de *ser rico para os outros*: que aquilo que possui seja serviço e não propriedade, que não seja tesouro, mas sim dom. E como o ser humano teme tão visceralmente este comportamento, Jesus reformula-o mais uma vez, em tom sapiencial, a partir de seu significado mais profundo: nisso consiste *ser rico para Deus*."[2]

---

[2] Ibid., pp. 285-286.

Quando o que escutamos por mil canais é que a pessoa cresce mediante apropriação e acumulação, o que o Evangelho afirma é exatamente o contrário: a pessoa cresce e se enriquece na entrega e na desapropriação. Porque somente assim reflete algo do modo de ser de Deus.

DEIXAR RESSOAR A PALAVRA

Fala um cristão da comunidade de Lucas

Quando Lucas afirmou, na comunidade, que Jesus era inimigo da cobiça, pareceu a alguns um jeito inadequado de falar dele. Jesus, que era todo amor e misericórdia, diziam alguns, não podia ser inimigo de nada nem de ninguém... E, na verdade, para quase todos nós, parecia que a palavra "inimigo" não combinava com a ideia que nos havíamos feito dele. "Seria melhor descrevê-lo como *amigo* dos pobres ou da pobreza", concluíram.

Lucas não pareceu importar-se com nossos comentários, e não só insistiu em sua qualificação, mas ainda acrescentou:

— Todos os que o conheceram e deixaram por escrito suas memórias concordam que tinha uma verdadeira aversão pela riqueza e pelos efeitos que ela produz.

Essa afirmação incendiou ainda mais os ânimos, e os que viviam mais com mais tranquilidade sentiram-se interpelados e reagiram com irritação:

— Não vás dizer-nos que sua inimizade se estendia também aos ricos? Por acaso as riquezas não foram sempre um sinal da bênção divina?

Sem alterar-se e procurando manter um tom sereno, disse Lucas:

— Creio que o melhor será que recordemos juntos algumas coisas que narram a respeito dele e que fui recolhendo cuidadosamente. Uma das que mais polêmicas causaram foi seu esforço em propor um mundo ao contrário: enquanto todos pensamos que a riqueza é uma grande sorte, e a pobreza, uma desgraça, ele se pôs a proclamar: "Bem-aventurados os pobres! Ai de vós, ricos!". Desde sempre ouvimos falar de dois caminhos: do que leva à felicidade e do que desemboca na desventura; ele, porém, disse completamente o contrário: que o caminho dos pobres, dos que choram e dos que são perseguidos é o que desemboca na posse do Reino, ao passo que a cobiça é como um veneno que destrói aquele que a leva no coração e o torna incapaz de colocar a fé em Deus.

"Não podeis servir a Deus e ao dinheiro" (Lc 16,13), disse em certa ocasião e, com a sagacidade que o caracterizava, pôs-se a jogar com as palavras, contrapondo *mammôn* (dinheiro) a *aman* (o que é verdadeiro e digno de fé; aquilo em que alguém pode apoiar-se). E com isso estava dizendo que o verdadeiro rival de Deus é o dinheiro.

Vocês não se lembram dos personagens de suas parábolas? O comportamento da maioria deles segue na contracorrente do que costumamos pensar, bem como as avaliações que Jesus faz deles: o homem que acumulava mais e mais trigo em seus celeiros, esfregando as mãos de tanta ganância, na realidade não era digno de inveja, mas de lástima (Lc 12,16-21); o mesmo acontece com o rico que vivia na opulência, enquanto o pobre Lázaro, que mendigava à sua porta, vai para o seio de Abraão (Lc 16,19-30).

É curioso que, enquanto todo mundo anda em busca da riqueza, e considera a ambição como algo natural, Jesus previne contra ela, como se se tratasse de um perigo ameaçador, e diz: "Fujam da cobiça!".

Quando lhes contei a história do administrador despedido, que se pôs a diminuir a dívida dos credores de seu amo, muitos de vocês se escandalizaram porque Jesus o elogiara. E não se deram conta de que o que merecia louvor era sua astúcia em manejar o que ele chama de "o dinheiro injusto", que é o mesmo que dizer "dinheiro sujo". E, ao fazê-lo, está-nos ensinando a única maneira razoável de usá-lo: fazendo amigos com ele...

Para Jesus, o dinheiro foi feito para ser partilhado; o pão, para ser comido; e o vinho, para ser bebido com os outros; a casa, para ser aberta aos que não possuem teto. Por isso alegrou-se tanto quando Zaqueu lhe disse, na sobremesa do banquete, que ia ressarcir esplendidamente todos os que havia extorquido, e que a metade de seus bens seria destinada aos pobres (Lc 19,1-9). "Hoje a salvação entrou nesta casa!", disse Jesus, cheio de alegria, como se, juntamente com o dinheiro que saía da casa daquele publicano, estivesse também sendo expulsa a cobiça que se alojava em seu coração.

Quando Lucas acabou sua catequese, Dimas, o mais velho da comunidade, tomou a palavra e disse:

— Depois de ouvir-te, penso que, se quisermos ser seguidores de Jesus, temos de deixar de considerar nosso aquilo que possuímos e aprender a viver sem acumular, confiantes, como dizia Jesus, em que o Pai cuida dos que a ele se abandonam e renunciam colocar sua confiança no que possuem.

Todos concordamos, mesmo sabendo que não ia ser uma mudança fácil em nossas vidas; no entanto, Lucas confirmou-nos em nosso propósito e disse emocionado:

— Se em nossa comunidade não houver pobres, isso será o maior testemunho de que o Mestre continua vivo entre nós. E teremos começado a converter em realidade aquele sonho seu a que ele chamava "Reino": uma comunidade de homens e mulheres que vivem partilhando seus bens com uma só alma e um só coração (At 4,32).

ENTRAR NA ORAÇÃO DE JESUS

Podemos escutá-lo a contar, em primeira pessoa, uma cena do Evangelho de Lucas (21,1):

Hoje de manhã, nos arredores do templo, vi como alguns ricos faziam suas ofertas no cofre das ofertas. De repente, aproximou-se também uma viúva pobre e depositou duas moedinhas. Então, chamei a mim meus discípulos e lhes disse: "De fato, eu vos digo que esta pobre viúva deu mais do que todos, pois todos aqueles deram do que lhes sobrava para as ofertas; esta, porém, ainda que passe necessidade, ofereceu tudo o que possuía para viver".

Pergunto-me como conseguir que meus discípulos descubram, por debaixo das aparências, a verdadeira riqueza da generosidade, e penso, Pai, que tu vais à procura de pessoas que, como a viúva, não deem do que lhes sobra, mas do que necessitam para viver, porque é essa confiança que tu esperas.

Ajuda-me a convencê-los de que a vida vale mais do que o alimento e a vestimenta; que eles podem colocar-se inteiramente aos teus cuidados e depositar em tuas mãos todas as suas ansiedade e preocupações, com a certeza de que, ao que não se preocupa com o que é seu, tu dás tudo o mais por acréscimo.

ESCOLHER A VIDA

UMA MULHER NA FRONTEIRA

LER O TEXTO

"Saindo dali, foi para o território de Tiro. Entrou numa casa e não queria que ninguém soubesse, mas não conseguiu permanecer oculto. Pois logo em seguida uma mulher, cuja filha tinha um espírito impuro, ouviu falar dele, veio e atirou-se a seus pés. A mulher não era judia, mas siro-fenícia de nascimento, e lhe rogava que expulsasse o demônio de sua filha. Ele dizia:

— Deixa que primeiro os filhos se saciem, porque não é bom tirar o pão dos filhos e atirá-los aos cachorrinhos.

Ela, porém, lhe respondeu:

— É verdade, Senhor; mas também os cachorrinhos comem, debaixo da mesa, as migalhas das crianças!

E ele lhe disse:

— Pelo que disseste, vai: o demônio saiu da tua filha.

Ela voltou para casa e encontrou a criança sobre a cama. E o demônio tinha ido embora" (Mc 7,24-30).

RELER A PARTIR DA MEMÓRIA DO CORAÇÃO

À luz do contexto bíblico...

No que diz respeito aos pagãos, no AT aparecem duas linhas: uma é de receio e até de repúdio:

Quando o Senhor teu Deus te houver introduzido na terra em que estás entrando para possuí-la, e expulsado nações mais numerosas que tu — os heteus, gergeseus, amorreus, cananeus, fereseus, heveus e jebuseus — sete nações mais numerosas e poderosas que tu; quando o Senhor teu Deus entregá-las a ti, tu as derrotarás e as sacrificarás como anátema. Não farás aliança nenhuma com elas e não as tratarás com piedade. Não contrairás matrimônio com elas: não darás tua filha a um dos seus filhos, nem tomarás uma das filhas delas para teu filho; pois desse modo o teu filho se afastaria de mim para servir outros deuses.
(Dt 7,1-4)

A postura de Jonas é um exemplo dessa mentalidade: opõe-se a pregar em Nínive, símbolo da gentilidade, uma mensagem de salvação. Em alguns setores do Judaísmo, no tempo de Jesus, havia-se acentuado essa tendência, e conta-se que um famoso fariseu, rabi Aqiba, tinha colocado os nomes romanos de Rufus e Rufina em seus dois cães, enquanto outro judeu ilustre costumava dizer: "O que come com um idólatra assemelha-se ao que come com um cão".

Outra corrente bíblica, mais universalista, sublinha a vontade salvífica universal de Deus:

O Senhor Deus dos exércitos
prepara para todos os povos,
sobre esta montanha,
um banquete de carnes gordas,
um banquete de vinhos finos,
de carnes suculentas, de vinhos depurados...
(Is 25,6)

No livro de Rute, uma mulher moabita aparece como modelo de amor fiel. Ao incorporar-se ao povo de Israel e ter ao rei Davi entre sua descendência, põe-se em questão qualquer tendência exclusivista.

... *descobrir o texto...*

A cena tem dois únicos protagonistas: Jesus e a mulher siro-fenícia e, no começo do texto, uma barreira intransponível parece distanciá-los irremediavelmente; partilham a mesma geografia (o território de Tiro), mas ele se encontra dentro de uma casa e não queria *que ninguém soubesse,* ou seja, existe, de sua parte, uma clara intenção de não ter contato com o mundo pagão que o rodeia, postura que suas palavras corroboram posteriormente. Ao redor da mulher, acumulam-se os elementos negativos: além de sua condição de inferioridade por ser mulher, aparece ligada a uma filha endemoninhada, e o texto acrescenta que *não era judia,* e menciona dois povos, Síria e Fenícia, ambos inimigos tradicionais de Israel. E como se não bastasse, torna-se culpada de que se frustre o propósito de Jesus de permanecer incógnito, ao irromper dentro da casa de maneira extemporânea e sem ter sido chamada.

No final da cena, a fé da mulher consegue romper toda a barreira; a força sanativa de Jesus chega ao território pagão e o demônio é expulso. Ela volta para sua casa confirmada pela palavra de Jesus e "vencedora" no confronto que tivera com ele.

...*como Palavra para hoje*

O texto abre-nos um "caminho real" de aproximação a Jesus: o da "afinidade" com ele. Tal como a protagonista da cena, podemos entrar em uma coincidência profunda com a atitude compassiva de Jesus para situar-nos "em sua órbita", em seu projeto e em suas preferências. Porque é a compaixão efetiva que nos faz sintonizar com seu desejo, sua disposição radical de amar, de incluir e de lutar para expulsar os "demônios" que desumanizam nossa vida e a de nossos irmãos... Entramos em contato com Deus não por saber muito sobre ele, mas procurando praticar a justiça, amar com ternura e caminhar humildemente com ele (cf. Mq 6,8).

Podemos perguntar-nos também qual é nossa "menina endemoninhada", isto é, quem é que levamos no coração, por quais causas e rostos concretos estamos dispostos a pleitear, insistir e buscar saídas incansavelmente.

DEIXAR RESSOAR A PALAVRA

Fala a filha da cananeia

Meu nome é Eunice, que em grego significa "boa vitória", ainda que meu primeiro nome não tenha sido este. Minha mãe começou a chamar-se assim já faz muitos anos, quando eu era ainda uma criança e vivia com ela, já viúva, em Tiro, a cidade siro-fenícia onde havia nascido e na qual também nasci e criei-me faz mais de quarenta anos. Desde pequena estive possuída por um demônio e, apesar de conservar apenas algumas lembranças confusas, minha mãe me falou muitas vezes daqueles momentos terríveis nos quais assistia, impotente e espantada, a transformação de meu corpo, sacudido por convulsões terríveis e inundado de suor, enquanto emitia grunhidos estarrecedores e botava espuma pela boca. Então, ela me tomava pela mão e se mantinha ao meu lado, envolta num torvelinho de angústia e de terror, até que cessavam os espasmos e eu voltava a mim, alheia ao acontecido e tão pálida como se a vida me tivesse abandonado definitivamente.

Foi depois de uma daquelas crises que ela ouviu dizer que um tal Jesus, sobre cujos poderes de cura corriam muitos rumores, havia cruzado a fronteira que separa a Fenícia da Galileia. Então, decidiu ir à sua procura a fim de suplicar-lhe que expulsasse de mim o demônio. "E, visto que o consegui", costumava contar-me sorrindo, "dei a ti o nome de Eunice", e continuava uma narrativa que eu nunca me cansava de escutar:

— Ele se encontrava em uma casa dos arredores de Tiro e, ao que parece, tinha a intenção de passar despercebido. Hesitei muito antes de cruzar o umbral da porta, porque temia incomodá-lo e que isso me fosse desfavorável, mas tu estavas doente, filha, e isso me dava força para atrever-me a vencer qualquer barreira. Coloquei-me instintivamente a seus pés, procurando não tocá-lo, consciente do desprezo que os judeus sentem por nós, e disse-lhe entre soluços: "Minha filhinha tem um demônio; suplico-te que o expulses dela...". Não me atrevia a levantar os olhos para ele quando o ouvi dizer aquilo que, no fundo, temia: que o pão é para os filhos e que são estes que devem saciar-se primeiro, antes de dá-lo aos cachorrinhos. Desesperada, pensei que minhas palavras se haviam estatelado contra o muro infranqueável que se erguia entre aquele judeu e mim, mas nem sequer isso me feria ou humilhava, porque a lembrança de tua dor se impunha a qualquer outro sentimento. Soergui-me lentamente e me dispus a lutar com ele, a abrandar sua dureza e a derreter aquele muro à força de lágrimas. Mas quando meus olhos se cruzaram com os dele, dei-me conta, como um relâmpago, de que o tom com que havia mencionado os "cachorrinhos" revelava que havia brechas naquele muro. E foi teu rosto, filha minha, o que me impulsionou a enfiar-me por uma delas.

Devolvi-lhe seu argumento: "Necessariamente tem de haver um antes e um depois? Por que não podem ser atendidos filhos e cachorrinhos ao mesmo tempo?". E enquanto lhe dizia isso, tive a estranha impressão de que tu havias começado a importar-lhe mais do que podias importar a mim, e que uma corrente de compaixão saía dele e chegava a ti, derrubando, em sua passagem, toda barreira, todo obstáculo, toda defesa. Jamais conseguirei explicar-te o que é que nele me convidava a falar-lhe de igual para igual, nem em que consistia aquele poder misterioso que emanava de sua pessoa e que me fazia experimentar a liberdade de não estar atada a nenhuma hierarquia racial ou religiosa, nem a norma alguma de pureza ou de legalidade. Era como se nós dois estivéssemos já sentados em torno daquela mesa a respeito da qual discutíamos e, enquanto o pão se repartia entre filhos e cachorrinhos, iam pelos ares as linhas divisórias que nos separavam, como um começo de absoluta novidade.

"Anda, vai-te", disse-me, como se tivesse pressa de que chegasse logo para abraçar-te. "Pelo que disseste, o demônio saiu de tua filha."

Voltei correndo para casa e encontrei-te estendida sobre a cama, com a tranquilidade de quem descansa depois de haver vencido uma batalha. E por isso comecei a chamar-te Eunice, para que teu nome se tornasse, para sempre, memória da vitória que nós duas havíamos conseguido.

Isso foi o que me contou minha mãe, e estou certa de que ninguém, ainda que o tente, poderá voltar a erguer as barreiras que um dia o próprio Jesus derrubou. Agora sou cristã e muitas vezes me perguntei por que Jesus situou em minha mãe o poder de salvar-me ao dizer-lhe: "Pelo que disseste...", e o que é que ele descobriu no que ela dissera e por que aquilo se converteu em um caminho real pelo qual pude alcançar sua força sanativa. E daquilo que a seguir ouvi e soube a respeito dele, creio que o que o maravilhou foi encontrar em uma mulher estrangeira uma afinidade tão profunda com sua própria paixão em acolher e incluir, em fazer da mesa partilhada com as pessoas marginalizadas um dos principais sinais de seu Reino.

Ela o desafiou a cruzar a fronteira que ainda lhe faltava ultrapassar e o chamou estando do outro lado, onde ainda nos encontrávamos como um rebanho perdido em meio à neblina. E ele deve ter ouvido em sua voz um eco da voz de seu Pai e decidiu cruzá-la.

Por essa razão agora podemos sentar-nos à sua mesa e ninguém poderá arrebatar-nos deste lugar que já está aberto para todos. Fui uma das primeiras convidadas, e agora trago em mim a mesma paixão que herdei de minha mãe e que aprendi de Jesus: continuar ampliando o espaço dessa mesa e que a ela possam sentar-se todos aos quais o acesso ainda está bloqueado.

Nisso quero empenhar minha vida. Palavra de Eunice.

Com a graciosidade de quem alcançou para nós a vitória sobre as forças da exclusão e da morte.

ENTRAR NA ORAÇÃO DE JESUS

— *Abbá*, em nada encontro refletido teu amor como na maneira segundo a qual os pais ou as mães se relacionam com seus filhos. Quando se aproxima de mim alguém que tem um filho ou uma filha doente, sei que findarão por vencer-me e convencer-me a curá-los. Às vezes tento resistir, temendo essas reações inesperadas das pessoas, empenhadas em ler meus sinais como exercício de poder utilizável para suas causas. No entanto, quando se trata de um pai ou de uma mãe a suplicar-me, sei desde o início que perdi a batalha, e que minha hesitação é inútil. O amor por seus filhos os faz tão fortes, tão decididos, tão audazes e tão insistentes que me faz bem bendizer-te pela misteriosa transformação que acontece em tuas criaturas quando a maternidade ou a paternidade os fez geradores de vida.

Por essa razão não consigo encontrar outra palavra melhor para invocar-te senão a de "Pai" ou "Mãe", e me enche de alegria o fato de te dares a conhecer sobretudo aos que participam de teu amor entranhável e, em troca, te ocultes aos que pretendem alcançar-te somente com seus saberes e sua ciência.

Ontem, depois que uma mulher cananeia com uma filha endemoninhada veio suplicar-me para que a curasse, fiquei pensando: ainda perdura em mim a admiração por ela, pelo modo como soube arranjar-se para superar todos os meus argumentos: eu defendia minha convicção de não ter sido enviado por ti senão para as ovelhas perdidas da casa de Israel; contudo, ela se incumbiu de refutar meu argumento com tanta astúcia que, no final de nosso encontro, entendi que eras tu, *Abbá*, quem me falavas através dela, e em sua paixão pela saúde de sua filha cheguei a compreender melhor como é a tua por cada um de teus filhos.

Graças a ela, ressoam em mim, de modo diferente, as palavras do salmo:

> Tu, Senhor, és compaixão e piedade,
> lento para a cólera e cheio de amor;
> não vais disputar perpetuamente,
> e teu rancor não dura para sempre.
> Nunca nos tratas conforme nossos erros,
> nem nos devolves segundo nossas culpas.
> Como o céu que se alteia sobre a terra,
> é forte teu amor por aqueles que te são fiéis.
> Como o Oriente está longe do Ocidente,
> assim afastas de nós as nossas transgressões.
> Como um pai é compassivo com seus filhos,
> assim és tu compassivo, Pai, com aqueles que te são fiéis...
> (Sl 103,8-13)

ESCOLHER A VIDA

ALGUÉM ABRIU MEUS OUVIDOS

LER O TEXTO

"Saindo de novo do território de Tiro, seguiu em direção do mar da Galileia, passando por Sidônia e atravessando a região da Decápole. Trouxeram-lhe um surdo que mal podia falar, e rogaram que impusesse as mãos sobre ele. Levando-o a sós para longe da multidão, colocou os dedos nas orelhas dele e, com saliva, tocou-lhe a língua. Depois, levantando os olhos para o céu, gemeu, e disse:

— *Efatá* (que quer dizer "Abre-te!")

Imediatamente, abriram-se-lhe os ouvidos e a língua se lhe desprendeu, e falava corretamente. Jesus os proibiu de contar o que acontecera; quanto mais o proibia, tanto mais eles o proclamavam. Maravilhavam-se sobremaneira, dizendo:

— Ele tem feito tudo bem; faz tanto os surdos ouvir como os mudos falar" (Mc 7,31-37).

RELER A PARTIR DA MEMÓRIA DO CORAÇÃO

À luz do contexto bíblico...

De acordo com o primeiro relato da criação, Deus chama suas criaturas à existência por meio de uma palavra e, ao terminar sua obra criadora, expressa sua satisfação: "E viu que tudo era muito bom" (Gn 1,31). Ao criar o ser humano à sua imagem e semelhança, fê-lo capaz de comunicar-se com ele; daí o chamado: "Ouve, ó Israel!" (Dt 6,4) que marca toda a existência de Israel. A resposta que Deus espera de seu povo é que esteja disposto a acolher uma Palavra que o fará viver, ainda que para isso tenha de transformar a espontaneidade de suas opções.

> "Ouvi-me e vivereis!" (Is 55,3). A escuta, em seu significado profundo, é a verdadeira *condição para viver*. "Eis que hoje estou colocando diante de ti a vida e a felicidade, a morte e a infelicidade. Se *escutas* os mandamentos do Senhor teu Deus, que hoje te ordeno — amando ao Senhor teu Deus, andando em seus caminhos e observando os seus mandamentos, estatutos e normas —, viverás e te multiplicarás. O Senhor teu Deus te abençoará na terra onde estás entrando a fim de tomar posse dela. [...] Eu te propus a vida ou a morte, a bênção ou a maldição. Escolhe, pois, a vida, para que vivas tu e a tua descendência, amando ao Senhor teu Deus, *escutando sua voz* e apegando-te a ele. Porque disto depende a tua vida e o prolongamento dos teus dias. E assim poderás habitar sobre este solo que o Senhor jurara dar a teus pais, Abraão, Isaac e Jacó".
> (Dt 30,15-20)

Os profetas denunciam a surdez voluntária dos que endurecem seu coração e fecham seus ouvidos ao convite divino: "A quem falarei e testemunharei para que eles ouçam? Eis que seus ouvidos estão tapados e não podem *escutar*. Eis que a palavra do Senhor foi para eles objeto de escárnio, eles não gostam mais dela!" (Jr 6,10).

A escuta, em Israel, não é para *saber*, mas para *obedecer*; e quem vive fechado em si mesmo já está dominado pelos poderes da morte, e só pode renascer no momento em que decida abrir-se a Deus e a suas palavras de vida.

A faculdade de falar está intimamente ligada à da escuta: a surdez total torna impossível a fala. Por outro lado, a dificuldade da palavra converte-se em pretexto para resistir a uma missão: "Quem sou eu para ir ao Faraó...", objetava Moisés (Ex 3,11). E Jeremias: "Eis que não sei falar, porque ainda sou criança..." (Jr 1,6).

O fato de que os surdos possam ouvir e os mudos possam falar é um sinal da chegada dos tempos messiânicos: "Eis que vosso Deus vem para vingar-vos, trazendo a recompensa divina. Ele vem para vos salvar. Então se abrirão os olhos dos cegos, e os ouvidos dos surdos se desobstruirão. Então o coxo saltará como o cervo, e a língua do mundo cantará" (Is 35,4-5).

A repreensão de Jesus a seus discípulos, alguns versículos antes da cura do surdo-mudo: "Se alguém tem ouvidos para ouvir, ouça! [...] Então, nem vós tendes inteligência?" (Mc 7,16.18), levanta a questão de quem está deveras surdo, e se não haverá outra surdez, diferente da física, instalada nos que pensam que o estão seguindo.

... descobrir o texto...

O texto faz-nos percorrer todo o circuito corporal: de Jesus, nomeiam-se as mãos, os dedos, a saliva, os olhos e a respiração; do surdo-mudo, os ouvidos e a língua. No início do relato, o surdo-mudo aparece fechado em seu silêncio, *levado* perante Jesus por outros e, a seguir, *separado* deles pelo próprio Jesus. Dir-se-ia que não somente está preso e travado por seu problema de comunicação, mas também impedido de tomar iniciativas e decisões livres. O contato com Jesus, em intensa proximidade corporal com ele, e a força de seu imperativo — "Abre-te!" —, soltam-lhe todas as amarras e permitem-lhe pronunciar novamente sua própria palavra.

Como por um efeito contagioso, todos os presentes se põem a apregoar o acontecido, e ouvimos seu murmúrio admirado, como um eco das palavras de Deus na criação: "Ele tem feito tudo bem!". Sem nomeá-lo explicitamente, estão celebrando a chegada daquele que *vem pessoalmente* para salvar, para fazer os surdos ouvir e os mudos cantar.

Um gesto expressivo de Jesus — "levantando os olhos para o céu, gemeu" —, coloca-nos na pista de onde buscava o poder de recriar, com seu sopro vivo, alguém que precisava receber nova vida e ser libertado. Seu "gemido" é um movimento profundo de apelo a Deus, com a consciência de uma tarefa difícil, de uma difícil situação a ser vencida.

No texto, ninguém obedece à ordem de silêncio dada por Jesus (também aparece em Mc 1,44; 5,43; 7,36): a atividade divina, que é oculta e misteriosa, tem também um inaudito poder de irradiação.

... como Palavra para hoje

A narrativa contém um apelo a tornar-nos conscientes das "surdezes" que podem estar presentes em nós. O Deus de Jesus aparece descrito no AT como aquele que "escuta o clamor de seu povo", e a esta abertura de ouvidos é que somos chamados. Tal como o surdo-mudo, podemos viver rodeados de barreiras que nos "isolam" e que impedem que chegue até nós o rumor da vida dos outros, com seus problemas e suas alegrias; ou permanecer fechados dentro de nossas pequenas fronteiras, com dificuldades para expressar o que sentimos e vivemos.

A cura do surdo-mudo convida-nos a deixar que Jesus continue a realizar, com cada um de nós, seu gesto criador, como fez Deus na primeira manhã da criação, modelando-a com suas mãos e insuflando-lhe seu hálito, curando nossa surdez e tartamudez. A mesma palavra dirigida ao surdo-mudo — "Abre-te!"— , pode ressoar, hoje, em nossos ouvidos e em nosso coração, convidando-nos a continuar perfazendo pequenos gestos criadores e oferecendo sinais de vida, também entre aqueles que não compartilham nossa mesma fé.

DEIXAR RESSOAR A PALAVRA

Fala o surdo-mudo curado

Vivo na Decápole, perto do mar da Galileia, em uma comarca aberta, povoada por pessoas vindas de todas as partes, e atravessada por inúmeras caravanas de comerciantes que levam e trazem mil rumores e notícias de países distantes. Eu, porém, que nasci completamente surdo e conseguia apenas balbuciar sons desarticulados, jamais pude ouvi-los e, desde minha infância, vivia isolado e à margem de tudo.

Quando criança, chorava porque não podia participar das brincadeiras com os outros meninos; minha mãe, penalizada, costumava tomar-me nos braços; umedecia seus dedos com a saliva e acariciava meus ouvidos e minha boca, como se pudesse curar-me com ela, enquanto sussurrava palavras que eu era incapaz de entender. Entre nós, tal como entre os povos vizinhos, os pais é que comunicam a seus filhos o tesouro de nossas tradições; contudo, visto que não pude recebê-la deles, tampouco poderei jamais comunicá-la a quem quer que seja, e a solidão fez de mim um homem arredio e retraído, próximo dos habitantes do mundo das sombras.

O pouco que conheço da religião e dos costumes de meu povo devo-o à paciência de um mestre idoso que me ensinou a ler em seus lábios, mas, apesar disso, vivia como que trancado em um quarto sem portas nem janelas, separado do rumor da vida que ficava cada vez mais fora de meus umbrais. Vivi assim até que, repentinamente, fui arrastado de maneira violenta para fora da morada do silêncio.

Tudo aconteceu durante a manhã em que vi as pessoas amontoarem-se na praça do povoado, e me aproximei, atraído pela curiosidade. A multidão não me deixava ver senão as costas de um homem cuja figura não me era familiar e a quem todos olhavam com atenção. Por meio de sinais, alguém me disse que se tratava de um judeu, e achei estranha sua presença. Não nos relacionamos bem com eles, pois nos desprezam e se sentem superiores a nós, não se sabe por quais histórias de sua religião e de seu Deus.

Eu tinha apenas a intenção de olhar, mas logo senti que me empurravam para o centro, e me encontrei, paralisado e confuso, diante de um desconhecido, a respeito de quem tudo ignorava, mas que supus fosse um curandeiro a quem estavam pedindo que demonstrasse comigo seus poderes de cura. Conhecia alguns desses charlatães que ganham a vida aproveitando-se da ingenuidade e da ânsia milagreira das pessoas e, nesse caso, eu ia converter-me na ocasião de seu sucesso e de sua fama.

Contudo, ele fez, então, precisamente aquilo que eu não esperava: tomou-me pelo braço e me levou para fora do grupo, que ficou a olhá-lo, desconcertado, enquanto nos dirigíamos para longe deles. Senti medo. Que pretendia fazer comigo? Por que não queria que ninguém presenciasse? Como se pressentisse meu temor, soltou meu braço e, umedecendo seus dedos com saliva, fez o mesmo gesto de minha mãe, tocando com suas mãos meus ouvidos e minha boca. Li em seus lábios a palavra *Efatá!* — "Abri-vos!" —, e foi como se os batentes de uma porta se abrissem de par em par pela força de um furacão. Tive a sensação de que todos os murmúrios e todas as vozes

104

da terra entravam em mim, como a música dos instrumentos que jamais pudera ouvir, e de minha boca desatada brotaram, como torrentes, as palavras que nunca pudera pronunciar.

As pessoas iam-se aproximando, atônitas, e ele, então, fez, de novo, algo surpreendente: ordenou-nos de maneira peremptória que não contássemos nada a respeito do acontecido, e se foi. Ninguém fez caso de sua proibição, e eu menos do que ninguém: "Ele tem feito tudo bem!", diziam. "Faz tanto os surdos ouvir como os mudos falar."

Todavia, no íntimo de meu coração, eu sabia algo mais: alguém me havia tirado do mundo do silêncio e havia aberto minha vida inteira, colocando-me em espaço aberto. E o fez não como quem realiza um ato mágico e espetacular, mas com a ternura do gesto de uma mãe que acaricia o mais débil de seus filhos.

ENTRAR NA ORAÇÃO DE JESUS

No Salmo 40, um orante expressa, diante de Deus, sua disponibilidade absoluta à sua vontade. Perante a possibilidade de fazê-lo através dos sacrifícios cultuais, ele descobriu algo melhor: a escuta obediente. Podemos lê-lo uma primeira vez, fixando-nos nas palavras que têm a ver com a *comunicação*; a seguir, colocá-lo nos lábios de Jesus e imaginá-lo rezando este salmo num momento de oração depois da cena da cura do surdo-mudo:

Quantas maravilhas realizaste, Senhor, meu Deus,
quantos projetos em nosso favor:
ninguém se compara a ti.
Quero *anunciá-los, narrá-los,*
mas ultrapassam qualquer conta.

Não quiseste sacrifícios nem oferta,
em contrapartida, *abriste o meu ouvido*;
não pediste holocausto nem expiação,
e então eu *disse*: "Eis que venho!".
No rolo do livro foi-me prescrito realizar tua vontade;
meu Deus, eu quero ter a tua lei dentro das minhas entranhas.
Anunciei a justiça do Senhor na grande assembleia;
eis que eu *não fecho meus lábios*, tu o sabes.
Não escondi tua justiça no fundo do meu coração,
narrei tua fidelidade e tua salvação;
não ocultei o teu amor e a tua verdade
à grande assembleia.
Quanto a ti, Senhor, não negues tua compaixão por mim;
teu amor e tua verdade sempre vão proteger-me.
Pois as desgraças me rodeiam a não mais contar;
Minhas iniquidades me atingem sem que eu possa vê-las;
São mais que os cabelos da minha cabeça,
e o coração me abandona.
Meu Deus, digna-te livrar-me!
Senhor, vem depressa em meu socorro! […]
Quanto a mim, sou pobre e indigente,
mas o Senhor cuida de mim.
Tu és meu auxílio e salvação;
Deus meu, não demores!

ESCOLHER A VIDA

UM HOMEM SEGUNDO DEUS

LER O TEXTO

"E eis que um doutor da lei se levantou e disse para experimentá-lo:

— Mestre, que farei para herdar a vida eterna?

Ele disse:

— Que está escrito na Lei? Como lês?

Ele, então, respondeu:

— Amarás o Senhor teu Deus, de todo o teu coração e comtoda a tua alma, com toda a tua força e com todo o teu entendimento; e a teu próximo como a ti mesmo.

Jesus disse:

— Respondeste corretamente; faze isso e viverás.

Ele, porém, querendo se justificar, disse a Jesus:

— E quem é meu próximo?

Jesus retomou:

— Um homem descia de Jerusalém a Jericó, e caiu no meio de assaltantes que, após havê-lo despojado e espancado, foram-se, deixando-o semimorto. Casualmente, descia por esse caminho um sacerdote; viu-o e passou adiante pelo outro lado. Igualmente um levita, atravessando esse lugar, viu-o e prosseguiu pelo outro lado. Certo samaritano em viagem, porém, chegou junto dele, viu-o e moveu-se de compaixão. Aproximou-se, cuidou de suas chagas, derramando óleo e vinho, depois colocou-o em seu próprio animal, conduziu-o à hospedaria e dispensou-lhe cuidados. No dia seguinte, tirou dois denários e deu-os ao hospedeiro, dizendo: "Cuida dele, e o que gastares a mais, em meu regresso te pagarei". Qual dos três em tua opinião, foi o próximo do homem que caiu nas mãos dos assaltantes?

Ele respondeu:

— Aquele que usou de misericórdia para com ele.

Jesus, então, lhe disse:

— Vai, e também tu faze o mesmo" (Lc 10,25-37).

RELER A PARTIR DA MEMÓRIA DO CORAÇÃO

À luz do contexto bíblico...

A pergunta do escriba —"Que farei para herdar a vida eterna?" — aciona a preocupação constante do AT em conhecer quais são os caminhos para o encontro com Deus:

Senhor, quem pode hospedar-se em tua tenda?
Quem pode habitar em teu monte sagrado?
(Sl 15,2)

Quem pode subir à montanha do Senhor?
Quem pode ficar de pé no seu lugar santo?
(Sl 24,3)

Como me apresentarei ao Senhor,
e me inclinarei diante do Deus do céu?
Porventura me apresentarei com holocaustos
ou com novilhos de um ano?
Terá o Senhor prazer nos milhares de carneiros
ou nas libações de torrentes de óleo?
Darei eu meu primogênito pelo meu crime,

o fruto de minhas entranhas pelo me pecado?
(Mq 6,6-7)

Tanto o Deuteronômio como os profetas oferecem a resposta de acordo com o desejo de Deus:

E agora, Israel, o que é que o Senhor teu Deus te pede? Apenas que temas ao Senhor teu Deus, andando em seus caminhos, e o ames, servindo ao Senhor, teu Deus, com todo o teu coração e com toda a tua alma.
(Dt 10,12)

Porque é amor que eu quero e não sacrifício, conhecimento de Deus mais do que holocaustos.
(Os 6,6)

Assim diz o Senhor: praticai o direito e a justiça; arrancai o explorado da mão do opressor; não oprimais estrangeiro, órfão ou viúva, não os violenteis e não derrameis sangue inocente neste lugar. Porque, se realmente cumprirdes esta palavra, então entrarão pelas portas desta casa reis que se sentam sobre o trono de Davi, montados em carros e cavalos.
(Jr 22,3-4)

Ouve, ó Israel! O Senhor nosso Deus é o único Senhor. Portanto, amarás o Senhor teu Deus com todo o teu coração, com toda a tua alma e com toda a tua força. Que estas palavras que hoje eu te ordeno estejam em teu coração. Tu as inculcarás aos teus filhos, e delas falarás sentado em tua casa e andando em teu caminho, deitado e de pé. Tu as atarás também à tua mão como um sinal, e elas serão como um frontal entre os teus olhos; tu as escreverás nos umbrais da tua casa e nas tuas portas.
(Dt 6,4-9)

A Palavra de Deus não se expressa de modo impessoal; ela espera que, diante de si, haja um sujeito capaz de escutar e de receber a interpelação: no Deuteronômio, é Moisés quem se dirige a Israel, e o imperativo está direcionado ao futuro, como se no *amarás* existisse algo incompleto, que está pedindo cumprimento. Diante do *ouve*, abre-se a possibilidade de converter-se num *ame*.

No Levítico, é o próprio Deus quem proclama o mandamento: "Não te vingarás e não guardarás rancor contra os filhos do teu povo. Amarás o teu próximo como a ti mesmo. Eu sou o Senhor" (Lv 19,18).

Uma antiga narrativa do livro das Crônicas apresenta semelhanças significativas com a parábola de Jesus: depois que os israelitas tomaram uma multidão de prisioneiros, o profeta Oded saiu ao encontro deles e repreendeu-lhes a conduta: "Então o exército abandonou os prisioneiros e os despojos na presença dos oficiais e de toda a assembleia. Em seguida, certos homens, designados nominalmente para tal fim, puseram-se a reconfortar os prisioneiros. Utilizando o material dos despojos, vestiam todos os que estavam nus; deram-lhes roupa, calçado, alimento, bebida e abrigo. Depois os conduziram, colocando sobre animais os estropiados a seus irmãos em Jericó, a cidade das palmeiras. Em seguida, regressaram a Samaria" (2Cr 28,14-15).

Dois últimos elementos podem ajudar a compreender a intenção da parábola ao falar do sacerdote e do levita que passaram ao largo: "Aquele que tocar um cadáver, qualquer que seja o morto, ficará impuro por sete dias. [...] Todo aquele que tocar um morto, o corpo de alguém que morreu, e não se purificar, contamina a Habitação do Senhor; tal homem será eliminado de Israel" (Nm 19,11.13).

Quanto à personagem do samaritano, o antagonismo dos judeus para com eles tem profundas raízes na história de

Israel a partir da divisão do Reino nos tempos de Jeroboão I, tensão que se aguçou nos tempos de Esdras e Neemias. Reprovavam-lhes a contaminação com o culto idolátrico e seus matrimônios com mulheres estrangeiras; consideravam-nos cismáticos e excluídos da Aliança. Eles, por sua vez, trataram de impedir a reconstrução das muralhas de Jerusalém, não aceitaram senão o Pentateuco como livro canônico e continuaram a oferecer seu culto no monte Garizim (cf. Ne 3,33-34; 13,28).

... descobrir o texto...

Os protagonistas: no começo, Jesus e um doutor da lei que quer *saber*, que não pergunta a fim de ampliar seus conhecimentos, mas para testar os de Jesus, ainda que o chame de "Mestre". Perante a pergunta inicial do escriba, Jesus não assume o papel que ele lhe propõe e, em vez de dar-lhe a resposta pedida, indica onde deve buscá-la: Jesus quer tirá-lo do mundo do saber para levá-lo ao do *fazer*. O jurista tenta escapar e busca de novo outro saber "informativo"; contudo, à sua pergunta — "Quem é meu próximo?" —, Jesus lhe devolve outra: quem se fez próximo do outro?

As personagens da parábola: um *homem*, *assaltantes*, um *levita*, um *sacerdote*, um *samaritano*; todos, exceto "um homem", aparecem designados por sua função social: uns com prestígio e outros no mundo marginalizado (assaltantes, samaritano).

O *homem*, ainda que desconhecido, ocupa o centro do relato, visto que todas as demais personagens aparecem em relação com ele: os bandidos o assaltam, despojam, golpeiam e abandonam; o sacerdote e o levita veem-no e passam ao largo; o samaritano o vê, comove-se, aproxima-se, cuida dele. Até quando é levado à hospedaria continua sendo o polo dos deslocamentos. Essa organização do movimento no espaço em torno de um homem reduzido à impotência indica seu papel central, mesmo que dentro de sua passividade. Todas as personagens se definem a favor ou contra ele: é assaltado, despojado, espancado, deixado semimorto, comiserado, enfaixado, conduzido, cuidado... De viajante passa a corpo inerte e, abandonado por uns, reencontra vida graças a outro.

As ações: as três personagens que *veem* o homem ferido adquirem um *saber* sobre ele. Para o sacerdote e para o levita, converte-se em obstáculo a evitar: *seguem adiante pelo outro lado*: as normas de pureza proibiam-nos contaminar-se pelo contato com a morte, visto que deviam manter-se puros a fim de participar do culto. Para o samaritano, ao contrário, o homem é alguém que atrai sua compaixão (um verbo que aparece nos Evangelhos em referência somente a Deus e a Jesus). Vê-o privado de um bem que precisa ser-lhe restituído, assume o encontro e se deixa interpelar pela necessidade do outro, cuja vida, para ele, conta mais do que prosseguir sua viagem.

Existem, portanto, duas maneiras de *ver*: permanecer alheio ou comprometer-se.

O sacerdote e o levita não mudam, a não ser por seguir pelo outro lado, mas o contraste de sua atitude com a do samaritano os faz aliados dos bandidos sob o signo da exclusão: saem do relato sozinhos, limitados a seu projeto, excluindo o outro. Em seu deslocamento, o samaritano assume-o e, quando se vai, não o abandona nem segue sozinho, mas permanece ligado a alguém que deixou para trás.[1]

---

[1] Cf. DELORME, J. *Au risque de la parole. Lire les évangiles.* Paris: Seuil, 1987. pp. 93-140.

... *como Palavra para hoje*

As personagens da parábola podem servir-nos de espelhos: talvez possamos sentir-nos como o escriba cético que pergunta: "Que devo fazer?", sem, contudo, comprometer sua vida; ou como o sacerdote e o levita, tão preocupados em chegar ao culto que não lhes sobra tempo nem atenção para o homem ferido jogado na sarjeta. Os três aparecem distraídos e dispersos em seus próprios projetos, planos, ocupações ou reflexões, querendo conhecer, no plano teológico, quem é o próximo, cumprir a Lei, chegar ao templo, não contaminar-se com um cadáver... No entanto, tudo isso os impede de viver centrados no essencial que, naquele momento, era atender ao homem ferido. O samaritano, ao contrário, aparece descentrado de si mesmo; é todo atenção solícita e eficaz no serviço do desconhecido que encontra em seu caminho, e isso o faz atinar com o desejo de Deus.

Assim como Jesus perguntou ao escriba, no final da parábola — "Qual dos três foi o próximo do homem...?" —, somos convidados a tirar as consequências de saber que o que importa é comportar-se com misericórdia e que nisso se resume toda a vida cristã.

"Vai e faze o mesmo": tal como ao escriba, Jesus nos envia a *fazer*, não a acumular saberes: o que um samaritano conseguiu ser e o que poderiam ter conseguido o sacerdote e o levita, por que não iríamos fazê-lo também nós? Se já sabemos como é que alguém se torna próximo de outrem, saberemos encontrar o que fazer em circunstâncias diferentes das que viveram o samaritano, o sacerdote e o levita. Jesus nos livra do interesse pelo *saber*, faz explodir o mundo mental no qual tendemos a fechar-nos. Pela fresta aberta, abre-se um caminho: *Vai!*

DEIXAR RESSOAR A PALAVRA

Fala um discípulo

O comerciante de Séforis estava furioso porque, por culpa do atraso daquele que lhe trazia o carregamento de tâmaras de Jericó, não pudera vendê-las a um caravaneiro que se havia encarregado de levá-los a Betsaida. E o que vocês acham que era a desculpa do outro, que, ademais, era um samaritano? Que se detivera pelo caminho para atender a um homem a quem uns bandidos haviam roubado e espancado.

Nenhum de nós prestava demasiada atenção à narrativa de Felipe, que acabava de chegar do mercado. Estávamos acostumados a ouvi-lo sem fazer muito caso de seu fuxico irrelevante e de suas anedotas triviais, que eram sua especialidade. O único interessado em sua história parecia ser Jesus, que o escutava em silêncio e demonstrava uma atenção que teria encantado Felipe. Quando acabou de contar a discussão entre o comerciante e o tipo que lhe havia estragado o negócio, Jesus interveio com uma decisão surpreendente:

— Felipe, vamos agora mesmo ao mercado! Quem sabe poderemos encontrar ainda o homem, o de Samaria, que socorreu o ferido.

— Mas, Mestre, protestamos, já é muito tarde, ainda não comeste e faz um calor medonho! Além do mais, a esta hora, no mercado só haverá gente...

— Pois, apesar de tudo, quero tentar! Quem vem comigo? — insistiu Jesus.

Felipe logo aceitou e eu também fui com eles, ainda que a contragosto. Ao chegar ao mercado, saímos a indagar e, por fim, alguém nos disse que o samaritano acabara de partir, mas, visto que sua cavalgadura estava muito carregada, porque voltava a Jericó com toda a mercadoria, não podia ter ido muito longe. Jesus pôs-se a andar rapidamente, e nós em seu encalço, um pouco mais devagar, porque o caso começava a cansar-nos. Íamos sem pressa, buscando a sombra e comentando que, quando o Mestre apertava o passo, não havia quem o seguisse. Quase à porta da muralha, avistamo-lo, por fim, caminhando junto ao samaritano, que levava, pelo cabresto, uma mula velha, com os alforjes plenos. Vinham ao nosso encontro e nos detivemos a esperá-los. Ao chegar, Jesus disse que o samaritano vinha comer conosco, e que fôssemos adiante, a fim de preparar as coisas. A condição do convidado pouco nos agradou, mas já estávamos habituados às amizades estranhas do Mestre, e a como exigia que fossem recebidas.

Quando nos sentamos para comer, o forasteiro mostrou-se algo tímido e retraído, desconcertado perante a novidade de que um grupo de galileus e judeus o recebesse com tantas demonstrações de hospitalidade. Contudo, o bom vinho de Caná que lhe oferecemos e a amabilidade com que se viu servido desataram-lhe a confiança e a língua, e enquanto partilhava conosco suas tâmaras, que, por certo, eram as melhores que jamais havia provado, contou-nos os detalhes de seu encontro com o ferido, a quem encontrou à margem do caminho, meio morto:

— Certamente dei-me conta de que complicaria minha vida, mas, quando jovem, fui pastor e jamais deixei de carregar nos ombros uma ovelha ferida... Ademais, no final das contas, minha condição de samaritano já me coloca à margem da lei, de modo que pouco me importava contrair impureza, caso estivesse morto... Agora, porém, tenho de ir; quero ver se durmo na pousada e pago minha dívida ao hospedeiro, mesmo que me pareça que terei de fazê-lo com o carregamento de tâmaras, porque, pelo menos desta vez, os negócios não me saíram muito bem. E talvez voltarei lá outro dia, pois acho que o ferido precisará ainda de minha montaria para voltar a Jericó...

Vimo-lo afastar-se ao entardecer e, em seguida, sem nada comentar, Jesus dirigiu-se ao horto, onde costumava retirar-se para rezar, e não voltou senão quando já era noite alta. No dia seguinte, soubemos o que pensava, quando um escriba lhe perguntou, em um tom que mal escondia seu desejo de confundi-lo, a quem devia considerar como próximo a fim de cumprir o primeiro mandamento da lei. Jesus olhou-o de frente e lhe disse: "Vou contar-te uma história e, no final, tu mesmo poderás responder à pergunta sobre o próximo: um homem descia de Jerusalém a Jericó..."

E ficamos assombrados ao dar-nos conta de que aquele samaritano renegado e excluído havia-se convertido em modelo a ser seguido pelos escribas, pelos sacerdotes, pelos fariseus e por todos nós. Porque, ao aproximar-se do homem da sarjeta, havia-se comportando como o ser humano segundo Deus, um Deus para quem a salvação está do lado do coração, de um coração que consente em compadecer-se e em aproximar-se.

ENTRAR NA ORAÇÃO DE JESUS

> Quão amáveis são tuas moradas, Senhor dos Exércitos!
> Minha alma suspira e desfalece pelos átrios do Senhor;
> meu coração e minha carne exultam pelo Deus vivo.
> (Sl 84,1)

Sempre gostei dos salmos das subidas, cantados por meu povo em suas peregrinações a Jerusalém, e os cantei eu próprio, muitas vezes, quando vinha de Nazaré, para celebrar ali a Páscoa. Mas meus lábios emudeceram quando os ouvi serem recitados, com piedade aparente, por alguns sacerdotes, fariseus e escribas que, a seguir, exigiam, dos mais pobres, o pagamento do último centavo dos dízimos; admitiam como a coisa mais natural do mundo os subornos nos juízos, e são capazes de passar ao largo diante de um homem caído pelo caminho, colocando como pretexto o fato de porem em perigo sua pureza, ficando impossibilitados de render culto a Deus.

Pergunto-me que deus será esse a quem acreditam encontrar no templo, pois certamente não és tu, *Abbá*. Porque tu te encontras precisamente ao lado dos pequenos e dos desvalidos, e revelas teu rosto a quem se aproxima dos que jazem nas sombras do abandono, dos que estão caídos nas sarjetas dos caminhos, a fim de oferecer-lhes a mão estendida, a água do seu odre e o óleo de seu consolo.

São esses que poderiam cantar: "Alegrei-me quando me disseram: 'Vamos à casa do Senhor!' Nossos passos já se detêm às tuas portas, Jerusalém!" (Sl 122,1).

Porque são eles que, ao aproximar-se de seus irmãos, foram parar sob a sombra de tuas asas; são eles que, talvez sem o saber, viram-se morando em tua presença e acolhidos no esconderijo de tua tenda. E com eles os que podem proclamar com toda justiça:

Até o pássaro encontrou uma casa,
e a andorinha um ninho para si,
onde põe seus filhotes:
os teus altares, Senhor dos Exércitos,
meu Rei e meu Deus!
Felizes os que habitam tua casa,
Eles te louvam sem cessar.
Felizes os que encontram sua força em ti,
e que guardam as peregrinações no coração.
(Sl 84,4-5)

ESCOLHER A VIDA

A MELHOR PARTE

LER O TEXTO

"Estando Jesus em viagem, entrou num povoado, e certa mulher, chamada Marta, recebeu-o em sua casa. Sua irmã, chamada Maria, ficou sentada aos pés do Senhor, escutando-lhe a palavra. Marta estava ocupada pelo muito serviço. Parando, por fim, disse:

— Senhor, a ti não importa que minha irmã me deixe assim sozinha a fazer o serviço? Dize-lhe, pois, que me ajude.

O Senhor, porém, respondeu:

— Marta, Marta, tu te inquietas e te agitas por muitas coisas; no entanto, pouca coisa é necessária, até mesmo uma só. Maria, com efeito, escolheu a melhor parte, que não lhe será tirada" (Lc 10,38-42).

RELER A PARTIR DA MEMÓRIA DO CORAÇÃO

À luz do contexto bíblico...

Na cena de Betânia, Jesus fala da *melhor parte*, um termo frequente na teologia do AT, quando o assunto é a herança ou o lote de terra que, segundo o livro de Josué, cada família israelita recebia, por sorteio, à exceção dos levitas. Estes eram descendentes de Levi, filho de Jacó, e foram colocados à parte para exercer as funções sagradas por iniciativa de Deus, e tomados por ele no lugar dos primogênitos de Israel: "O Senhor falou a Moisés e disse: 'Vede que eu mesmo escolhi os levitas do meio dos israelitas, em lugar de todos os primogênitos, daqueles que entre os israelitas abrem o seio materno. Portanto, os levitas são meus. Assim, todo primogênito me pertence. [...] Eles me pertencem; eu sou o Senhor'"(Nm 3,11-13).

"Os sacerdotes levitas, a tribo inteira de Levi, não terão parte nem herança em Israel: eles viverão dos manjares oferecidos ao Senhor e do seu patrimônio. Esta tribo não terá parte na herança de seus irmãos; o Senhor é sua herança, conforme lhe falou..." (Dt 18,1). "Tu não receberás nenhuma herança, nem parte na terra. Para ti, eu sou a tua parte e a tua herança no meio dos filhos de Israel" (Nm 18,20).

Esta parte dos levitas é uma participação nas oferendas do culto: "Eis que aos filhos de Levi dou por herança todos os dízimos" (Nm 18,21). "Eles viverão dos manjares oferecidos ao Senhor e do seu patrimônio" (Dt 18,1). Para o levita, os bens são o próprio Deus; a saciedade está em sua companhia. O Senhor protege imediatamente quem a ele se entregou:

> Quem teria eu no céu?
> Contigo, nada mais me agrada na terra.
> Minha carne e meu coração podem consumir-se:
> a rocha do meu coração, a minha porção é Deus,
> para sempre.
> (Sl 73,25)

Quanto a Israel, sabe que é "propriedade" de Deus: "Mas a parte do Senhor foi seu povo, o lote da sua herança foi Jacó" (Dt 32,9). "Vós mesmos vistes o que eu fiz aos egípcios, e como vos carreguei sobre asas de águia e vos trouxe a mim.

Agora, se ouvirdes a minha voz e guardardes a minha aliança, sereis para mim uma propriedade peculiar entre todos os povos, porque toda a terra é minha" (Ex 19,4-5).

... descobrir o texto...

Há três personagens na cena: Jesus, chamado *o Senhor*, Marta e *sua irmã* Maria. Existem contrastes entre as duas mulheres: Maria aparece em situação de certa inferioridade em relação a Marta (é "sua irmã") e também em relação a Jesus, visto que se acha sentada a seus pés. Marta é a dona-de-casa e a que oferece hospitalidade ao Senhor, uma posição de reciprocidade.

Maria escuta a palavra de Jesus, o que indica uma atividade também recíproca entre a palavra e a escuta. Quanto às ações, Marta está distraída e absorta pelas múltiplas necessidades do serviço, ao passo que Maria, em posição de repouso, está atenta unicamente à palavra do Senhor.

Marta protesta e volta a afirmar sutilmente sua superioridade sobre Maria ("Dize a minha irmã...") e procura mudar seu jeito de relacionar-se com Jesus, pretendendo que ele se coloque do seu lado e lhe dê razão. Na resposta do Senhor a Marta, existe o tom de uma velada repreensão (de acordo com Lc 8,14, a ansiedade e a preocupação impedem o crescimento da semente). Ele não qualifica sua atitude como *serviço*, mas como *muitas coisas*, e o múltiplo opõe-se ao *único*. A defesa devolve a Maria seu direito de escolher e de conservar o objeto de sua escolha, que é qualificada como *a melhor parte*.

O contexto imediatamente anterior, a parábola do bom samaritano, na qual este aparece como modelo pelo seu *fazer*, impede interpretar a cena de Betânia como uma desqualificação da ação em favor da contemplação: apenas admoesta contra *uma maneira de fazer* que não nasce da escuta da Palavra, mas sim do próprio ativismo compulsivo, e aponta o que é sempre a prioridade de todo seguidor de Jesus: escutar sua Palavra.

Maria não está apenas sentada aos pés de Jesus, na posição da discípula perfeita, mas também, no contexto, sublinha a postura da filha de Israel. Escuta Jesus tal como o povo havia escutado a palavra de Iahweh. Ela "escolheu a melhor parte" e pode repetir com o orante do salmo:

> Quem teria eu no céu?
> Contigo, nada mais me agrada na terra.
> Minha carne e meu coração podem consumir-se:
> a rocha do meu coração, a minha porção é Deus,
> para sempre. [...]
> Quanto a mim, estar junto de Deus é o meu bem!
> Em Deus coloquei o meu abrigo,
> para narrar todas as tuas obras.
> (Sl 73,25-26.28)

... como Palavra para hoje

Se se leem seguidamente a parábola do samaritano (Lc 10,25-37) e a cena de Betânia (Lc 10,38-42), observa-se que as duas personagens centrais (o samaritano e Maria) aparecem como que polarizados por uma paixão única, que os faz desejar e escolher somente aquilo que coincide com "os gostos de Deus", e atinar com sua vontade. Jesus toma o partido deles e os propõe como modelo: "Vai e faze o mesmo"..., "Maria escolheu a melhor parte".

A atitude de tais personagens é bem diferente da das outras que as acompanham: o escriba cético que pergunta "Quem é meu próximo?", mas sem implicar a própria vida; o sacerdote e o levita, tão preocupados em acorrer ao culto que não lhes resta nem tempo nem atenção para o homem ferido à margem do caminho; Marta, tão agitada e solícita... Os quatro aparecem distraídos e dispersos em seus próprios projetos, planos, ocupações ou reflexões. Aparecem tão cheios de "desejos parasitas" (chegar a tempo, ser puros, preparar uma boa comida...), que não lhes é permitido viver concentrados no essencial que, naquele momento, era assistir o homem caído ou escutar Jesus.

Paulo, consciente da importância dessa atenção indivisa, aconselha os coríntios a "viver isentos de preocupações", a "preocupar-se com as coisas do Senhor, buscando agradar o Senhor", a "dedicar-se a ele de corpo e alma" e a "aderir ao Senhor ininterruptamente" (1Cor 7,29-35).

A cena de Betânia nos diz: todos somos Marta e Maria, ao mesmo tempo. Todos nos sentimos, frequentemente, ansiosos, afobados, dispersos e tentados a fazer da eficácia nossa principal preocupação. No entanto, fizemos também a experiência do sossego e da unificação que o ordenar nossas prioridades e o viver centrados no essencial nos proporcionam. Somos convidados, mais uma vez, a saborear a Palavra, que, no mais íntimo de nós mesmos, converte-se numa fonte de admiração e de gozo, e nos reenvia a um serviço mais generoso e mais livre.

DEIXAR RESSOAR A PALAVRA

Fala um discípulo

— Não posso concordar contigo, Pedro; tu te atribuis méritos que não são teus. Quando Jesus nos enviou a pregar, quem mais percorreu as aldeias e mais se aproximou das pessoas fui eu.

— Mas quem se atreveu a tomar a palavra na sinagoga de Cafarnaum fui eu!

— Claro, mas enquanto vocês falavam eu me dedicava a impor as mãos sobre os enfermos do povoado, os quais eram mais parecidos com o homem caído à beira do caminho, a quem o samaritano socorreu. E já escutastes Jesus: isso é precisamente o que temos de fazer...

A discussão tornava-se cada vez mais acalorada, e cada um mostrava suas ações, méritos e empreendimentos, como se fossem as façanhas militares de um punhado de heróis. Achei estranho que Jesus permanecesse calado, tão acostumados estávamos a ouvi-lo intervir em nossas disputas acerca do primeiro lugar no que quer que fosse. Por essa razão deduzi interiormente que aprovava nossos esforços, afazeres e trabalhos para anunciar o Reino. No final das contas, sua maneira de concluir a história do samaritano tinha sido esta: "Vai e *faze* tu o mesmo".

Havíamos chegado a Betânia e entramos na casa de Lázaro e de suas irmãs. Nossa chegada foi acolhida com alvoroço, misturado com alguns indícios de nervosismo, porque, como não nos esperavam tão cedo, Lázaro ainda não tinha voltado do campo, e as coisas não estavam preparadas. Marta, uma mulher decidida e prática, tomou as rédeas da situação e, após uma saudação apressada, pôs-se a dar ordens aos criados e a ir e vir da cozinha à sala onde se celebraria a ceia, dando mostras de impaciência e de agitação.

Entretanto, Maria, a terceira da família, sempre mais propensa a escutar do que a falar, a acolher mais do que a intervir, era a única que não parecia contagiada pela ansiedade generalizada, e se havia sentado tranquilamente junto de Jesus, indagando-o e escutando-o. A verdade é que sua atitude me pareceu inadequada e inoportuna: sentar-se aos pés de alguém é a postura que adotam os discípulos em relação a seu mestre e, em nossa tradição, um *rabbi* jamais aceitaria uma mulher como discípula. É certo que Jesus costuma fazer pouco caso desses costumes (e temos bastantes problemas por causa de sua conduta), mas para todos era evidente que Marta era a que se estava comportando corretamente ao ocupar-se com o serviço, e que a atitude de Maria supunha um atrevimento dificilmente tolerável. Por essa razão não achamos estranha a intervenção irritada de Marta, em uma de suas idas e vindas, e achamos justificada sua repreensão ao Mestre e a Maria.

Mas quando já estávamos esperando que ele recomendasse a Maria que se pusesse a ajudar sua irmã, o sempre surpreendente Jesus desviou a censura para Marta, lançou-lhe em rosto, com certo humor, suas pressas e afobações, e ficou abertamente do lado da irmã. Disse algo a respeito daquilo que realmente importa e daquilo que é secundário, e sentenciou, seguro de si, que Maria é que tinha razão; ela é que tinha acertado com o que ele teria vindo buscar na casa de seus amigos: não um grande banquete, mas encontrar alguém a quem poder contar suas preocupações e seus desejos.

A seguir, na sobremesa, pôs-se a trazer à tona nossa discussão anterior em torno de quem teria trabalhado mais pelo Reino. E disse-nos:

— Isso não é o que importa, o importante é viver o que o Pai deseja em cada momento, e isso só é possível escutando-o. Se viveis afobados e ansiosos, é porque vossas ações não nascem do desejo de fazer sua vontade, mas vossa própria necessidade de acumular méritos, ou de acreditar que precisais ganhar seu apreço à força de fazer coisas por ele. E quantas vezes não vos disse que não precisais conquistar nada, visto que o amor do Pai é como um tesouro que se encontra inesperadamente, sem depender do comportamento daquele que o encontrou? Ou como a chuva e o sol, que não se detêm a considerar se a terra que os recebe é boa ou ruim, mas caem sobre ela gratuitamente, e isso é o que a faz boa e fecunda... Marta, na próxima vez que eu voltar, bastará que prepares pão, tâmaras e azeitonas; sentar-te-ás junto a mim, como Maria, porque a melhor parte está à disposição de todos. E juntos falaremos do Pai e de como realizar juntos o que ele deseja.

Nunca esquecerei aquela sobremesa na qual as palavras de Jesus sanavam nossa secreta ambição de encher nossa vida de "obras" e nos convertia a todos, homens e mulheres, em ouvintes de sua Palavra e possuidores dessa "melhor parte", que é a herança dos que escutam.

ENTRAR NA ORAÇÃO DE JESUS

Na ceia desta noite, em Betânia, fizeste-me entender melhor o que é que desejas de teus filhos, *Abbá*. Eu via Marta agitada e nervosa para servir-me e queixando-se, a seguir, porque estava fazendo tanto por mim, enquanto Maria apenas me escutava; e me dava conta do que se esconde por trás de cada uma dessas atitudes.

Muitos andam buscando, como Marta, reunir méritos e fazer muitas coisas por ti, com a intenção, talvez inconsciente, de apresentar-se diante de ti cansados e satisfeitos, sabendo-se eficazes e importantes. Apresentam a ti as obras de suas mãos como feixes de trigo de um campo que eles mesmos araram, semearam e colheram. Dia e noite vigiaram o crescimento da semente e, se alguma vez descobriram que havia nascido cizânia, arrancaram-na imediatamente e, com sua precipitação, não perceberam que estavam também danificando o trigo. Contudo, visto que muito se afadigam e pensam que isso é o que te agrada, aproximam-se de ti esperando, intimamente, que agradeças e recompenses suas preocupações, aflições e desvelos.

Outros, tal qual Maria, expõem diante de ti sua existência como uma terra vazia e pobre, e esperam silenciosamente que sejas tu a jogar nela as sementes; não se desligam delas e também cuidam delas, mas conhecem a força oculta do que cresce por impulso próprio e confiam mais no que podem fazer teu sol e tua chuva do que em seu próprio esforço. Dormem tranquilos, abandonando em ti suas preocupações, e quando chega a hora da colheita vêm a ti contentes, transbordando confiança e agradecimento, porque reconhecem que o que trazem nas mão é dom teu. Vi tudo isso em minha mãe, *Abbá*, e quero dar-te graças por ela.

E como não desejo outra coisa senão dar a conhecer teu verdadeiro rosto, afirmei esta tarde que Maria escolheu a melhor parte. Essa que tu dás em herança aos que escolhem, acima de tudo, escutar tua Palavra e abandonar-se a teu amor.

ESCOLHER A VIDA

O CORAÇÃO DO PAI

LER O TEXTO

"Todos os publicanos e pecadores estavam se aproximando para ouvi-lo. Os fariseus e os escribas, porém, murmuravam: "Esse homem recebe os pecadores e come com eles!". Contou-lhes, então, esta parábola: "Um homem tinha dois filhos. O mais jovem disse ao pai: 'Pai, dá-me a parte da herança que me cabe'. E o pai dividiu os bens entre eles. Poucos dias depois, ajuntando todos os seus haveres, o filho mais jovem partiu para uma região longínqua e ali dissipou sua herança numa vida devassa. E gastou tudo. Sobreveio àquela região uma grande fome e ele começou a passar privações. Foi, então, empregar-se com um dos homens daquela região, que o mandou para seus campos cuidar dos porcos. Ele queria matar a fome com a comida que os porcos comiam, mas nem isso lhe davam. E caindo em si, disse: 'Quantos empregados de meu pai têm pão com fartura, e eu aqui, morrendo de fome! Vou-me embora, procurar o meu pai e dizer-lhe: "Pai, pequei contra o céu e contra ti; já não sou digno de ser chamado teu filho. Trata-me como um dos teus empregados". Partiu, então, e foi ao encontro de seu pai. Ele estava ainda ao longe, quando seu pai o viu, encheu-se de compaixão, correu e lançou-se-lhe ao pescoço, cobrindo-o de beijos. O filho, então, disse-lhe: 'Pai, pequei contra o céu e contra ti; já não sou digno de ser chamado teu filho'. Mas o pai disse aos seus servos: 'Ide depressa, trazei a melhor túnica e revesti-o com ela, ponde-lhe um anel no dedo e sandálias nos pés. Trazei o novilho cevado e matai-o; comamos e festejemos, pois este meu filho estava morto e tornou a viver, estava perdido e foi reencontrado!'. E começaram a festejar.

Seu filho mais velho estava no campo. Quando voltava, já perto de casa ouviu músicas e danças. Chamando um servo, perguntou-lhe o que estava acontecendo. Este lhe disse: 'É teu irmão que voltou e teu pai matou o novilho gordo, porque recuperou teu irmão com saúde'. Então, ele ficou com muita raiva e não queria entrar. Seu pai saiu para suplicar-lhe. Ele, porém, respondeu a seu pai: 'Há tantos anos eu te sirvo, e jamais transgredi um só dos teus mandamentos, e nunca me deste um cabrito para festejar com meus amigos. Contudo, veio esse teu filho, que devorou teus bens com prostitutas, e para ele matas o novilho gordo!'

Mas o pai lhe disse: 'Filho, tu estás sempre comigo, e tudo o que é meu é teu. Mas era preciso que festejássemos e nos alegrássemos, pois esse teu irmão estava morto e tornou a viver, ele estava perdido e foi reencontrado!'" (Lc 15,1-3.11-32).

RELER A PARTIR DA MEMÓRIA DO CORAÇÃO

À luz do contexto bíblico...

"Encheu-se de compaixão…". Se seguirmos o rastro deste verbo no AT, constatamos que aparece quase sempre em contextos familiares. "E José apressou-se em sair, porque suas entranhas se comoveram por seu irmão" (Gn 43,30). "Então a mulher, de quem era o filho vivo, suplicou ao rei, pois suas entranhas se comoveram por causa do filho…" (1Rs 3,26).

Contudo, é sobretudo um texto de Oseias que pode melhor servir de pano de fundo para a parábola do pai misericordioso. Igualmente sob a metáfora paterno-maternal, vemos um Deus que deixou seu filho em liberdade, correu o risco de sua infidelidade e, ainda que saiba que mereceria um castigo, se reconhece incapaz de agir assim porque suas entranhas estão comovidas perante ele:

Quando Israel era menino, eu o amei
e do Egito chamei o meu filho.
Mas quanto mais os chamava,
tanto mais eles se afastavam de mim.
Eles sacrificavam aos baais e queimavam incenso aos ídolos.
Fui eu, contudo, quem ensinou Efraim a caminhar,
eu os tomei pelos braços,
mas não reconheceram que eu cuidava deles!
Com vínculos humanos eu os atraía,
com laços de amor,
eu era para eles como os que levantam
uma criancinha contra o rosto,
eu me inclinava para eles e os alimentava. [...]
Como poderia eu abandonar-te, ó Efraim,
entregar-te, ó Israel?
Como poderia eu abandonar-te como a Adama,
tratar-te como a Seboim?
O meu coração se contorce dentro de mim,
Minhas estranhas se comovem.
(Os 11,1-4.8-9)

A pergunta "Como poderia eu abandonar-te, Efraim? Como poderia entregar-te, Israel?" comunica algo do mistério da angústia divina que se debate entre a justiça e a misericórdia.

Deus "desceu" para a arena da relação afetiva, de um amor que pode ser acolhido ou rechaçado. Expressa sua expectativa de resposta da parte de seu povo e revela algo surpreendente: sua "impotência" para abandoná-lo por causa de seus vínculos com ele, os quais fazem convulsionarem-lhe as entranhas.

"O meu coração se contorce dentro de mim..." sugere o combate íntimo de quem está buscando uma unificação interior e constata dolorosamente que existe um caminho que o povo decidiu seguir, voltando as costas ao olhar impotente do amigo, do amante, do pai ou de seu Deus. Iahweh, porém, é Deus e não ser humano, e sua santidade consiste precisamente em seu amor.

... descobrir o texto...

Uma primeira possibilidade de leitura é observar as três partes do texto e os termos com que se descreve a situação: na primeira, "o *distanciamento*", aparecem as expressões: *região longínqua, dissipou, vida devassa, gastou tudo, grande fome, privações, empregar-se, cuidar de porcos, matar a fome, comida dos porcos, nem isso lhe davam...*

A segunda, "o *retorno*", a única coisa que se diz do filho é seu gesto inicial de deslocamento: *partiu*, e suas primeiras palavras dirigidas ao pai. Contudo, este é que assume todas as ações: *viu, encheu-se de compaixão, correu, lançou-se-lhe ao pescoço, cobriu-o de beijos, disse, trazei, revesti, ponde, trazei, matai, comamos e festejemos...* A desproporção da acolhida já aparece na diferença na maneira de um ir ao encontro do outro: o filho *ia*, o pai *correu*. À palavra do pai não corresponde uma palavra individual do filho, mas uma aceitação coletiva de sua palavra: toda a casa se converte em lugar de manifestação da alegria do pai e se enche de música e danças. A partir desse momento, o espaço fica dividido em dois: o de fora e o de dentro. O de *fora* corresponde ao filho mais velho e representa o trabalho do campo e suas preocupações utilitárias.

A terceira parte, "o *protesto*", começa por dados em torno do *saber* do filho mais velho: *ouviu, perguntou,* seguidos de outros sobre seu *sentir: ficou com muita raiva, não queria entrar.* Sua visão sobre si mesmo: *te sirvo, jamais transgredi, mandamentos, nunca me deste...* A resposta do pai faz outra leitura da situação: *filho, tu estás sempre comigo, tudo o que é meu é teu, ... teu irmão.*[1]

Uma segunda maneira de aproximar-se do texto é através de suas personagens, escutando-o como se fosse narrado sucessivamente pelo pai, pelo filho mais jovem e pelo mais velho. Se é o pai quem narra: "Eu tinha dois filhos. O mais jovem me disse... e eu dividi os bens... (...) Ele estava ainda ao longe, quando o vi, enchi-me de compaixão...".

Se é o filho mais novo: "Meu pai saiu correndo ao meu encontro, lançou-se-me ao pescoço e me cobriu de beijos..."

Se é o filho mais velho: "Quando eu me aproximei da casa, ouvi música e danças..."

Observar, a seguir, o que se diz de cada personagem:

- *O filho mais jovem* não se perde de maneira "inocente", como a ovelha ou a moeda das outras parábolas. Aparece como exigente, duro, esbanjador, libertino, rebaixado a cuidar de porcos, calculador na hora de seu retorno. Sua exigência torna o pai repartidor de riqueza. Vai até o fim em suas iniciativas, mas descobre que não lhe eram suficientes e que destruiu a si mesmo. Ao colocar-se a serviço de um patrão, passa da condição de filho a cui-

---

[1] Cf. GRUPO DE ENTREVERNES. *Signos y parábolas. Semiótica y texto evangélico.* Madrid: Cristiandad, 1979. pp. 103-152.

dador de porcos; de sucessor do pai na posse dos bens a companheiro de porcos (animais impuros para o Judaísmo). Seu desejo está orientado para o alimento, não para o encontro com o pai, mas sua fome desempenha um papel determinante: de um lado, é negativa; de outro lado, porém, converte-se em "ponto de inflexão" que faz nascer nele o desejo de voltar para sua casa. É encontrado no momento em que a iniciativa do pai o acolhe e reabilita, oferecendo-lhe roupas, sandálias, anel, banquete. Não tem um papel ativo, não são suas próprias atitudes que o transformam, mas unicamente a acolhida de seu pai. Aparecia marcado pela morte, inexistente e perdido, mas é encontrado e entra finalmente na vida.

- *O filho mais velho* trabalha para produzir, é obediente, servil e se considera escravo; em sua vida, não há lugar senão para o que é útil, e leva uma vida apagada. Sente-se como alguém que obedece a ordens, trabalhador infatigável e pouco recompensado. O que o deixa indignado não é a dureza de sua sorte, mas a conduta de seu pai em relação a seu irmão indigno, a quem não reconhece como seu irmão: "Esse teu filho…", ao passo que o pai lhe responde: "Esse teu irmão…". Tem uma imagem negativa de si mesmo: é alguém que serve, obedece a ordens e a quem seu pai negou fazer festas com seus amigos; de seu irmão mais novo, pensa que é alguém aproveitador e depravado, e, indiretamente, mostra ao pai como deveria ter recompensado sua fidelidade exemplar e o que não deveria ter feito ao irmão mais jovem. Começa a viver sua vida no momento em que seu pai, esquecendo-o um pouco, descobre-se pai do irmão mais jovem. Existe nele uma saudade da festa e recorda, nostalgicamente, tê-la celebrado com seus amigos: estaria cansado da submissão e estaria em busca da comunhão? O pai procura persuadi-lo para que entre na festa, onde encontrará, inseparáveis, seu lugar de irmão e de filho.

Na realidade, os *dois filhos* movem-se dentro da lei, das normas, do pecado e do serviço; em nenhum momento concordam. Ambos calculam e têm os mesmos critérios de justiça distributiva.

• O *pai* revela-se, em todo momento, como gratuidade, perdão e misericórdia; seus bens estão repartidos a cada instante. No âmbito externo, aparece sempre fora de casa, para sair ao encontro de cada um dos filhos; na esfera interna, seus sentimentos são de compaixão e de alegria. Mostra o extremo de uma espera amorosa, que reage a partir da satisfação: ao lançar-se ao pescoço do filho e ao cobri-lo de beijos, oferece-lhe uma comunicação mediante o contato, bem diferente do tratamento dispensado a um diarista que o filho esperava receber. Sua palavra de autoridade arranca o filho ao mundo da servidão e o reveste das insígnias que o reintegram à filiação: roupas, anel, sandálias e festa como símbolo de alegria e de comunhão. Sua pressa em celebrar o retorno de seu filho à vida faz com que subordine tudo o mais a ela, sem tolerar o menor atraso (esperar o irmão mais velho). Não despreza os argumentos deste, mas se situa em outro nível, a partir do qual outra necessidade muito mais forte, em sua opinião, justificava a alegria: "Era preciso…". Sua visão de cada um de seus filhos é muito diferente da que eles mesmo têm: considera o mais velho identificado com ele e partilhando seus bens, e considera o menor como o que estava perdido e foi encontrado, morto que voltou à vida.

E a mãe? Sente-se falta dela na parábola, mas, em todo caso, o papel materno aparece representado pela compaixão, pela efusão das expressões de ternura e pelo tema do alimento (a função nutritiva é atribuída sempre à mulher).

... como Palavra para hoje

O quadro *O retorno do filho pródigo,* de Rembrandt, é o melhor ícone para converter em oração a parábola, e sentir que essa história é nossa história: o filho, com sua cabeça raspada, sua roupa puída, seus calcanhares feridos e suas sandálias desatadas, parece que, a princípio, não se atreveu a olhar para o pai porque, talvez, esperasse encontrar um juiz. Todavia, depois de fazê-lo, sentiu-se como um náufrago que se refugia em um porto e, apoiado sobre seu peito, parece um recém-nascido que acaba de sair do ventre materno. A voz muda das entranhas daquele de quem se havia afastado está murmurando algo ao seu ouvido: não palavras de repreensão, mas seu nome familiar, tantos anos perdido.

Os olhos quase cegos do pai parecem desgastados pelo espreitar, de sol a sol, o caminho do improvável retorno; suas mãos (uma masculina e outra feminina?), nas quais estava tatuado para sempre o nome de seu filho, abrigam, como um manto protetor, os ombros esquálidos do jovem; seus lábios não necessitam pronunciar declarações de perdão, porque já o está dizendo com todo o seu ser.

Podemos imaginar "o dia seguinte" desse filho, uma vez passada a "ressaca" da festa, e imaginá-lo madrugando e apresentando-se, antes de seu pai, disposto a tudo, disponível para tudo, desejando demonstrar-lhe seu amor e sua gratidão, fazendo suas as palavras dirigidas a seu irmão mais velho: "Filho, tudo o que é meu é teu..."

Cada um de nós é esse filho, sua história é a nossa. Já experimentamos a dor da ausência, a insensatez de viver longe de Deus. No entanto, se estivermos inquietos para encontrá-lo, Jesus nos revelou que é mais certo que o coração de Deus esteja infinitamente mais inquieto por encontrar-nos.

DEIXAR RESSOAR A PALAVRA

Fala um discípulo

A discussão surgira durante uma refeição de Jesus, juntamente com todos nós, na casa de Levi. Haviam-se sentado à mesa alguns de seus amigos cobradores de impostos, um soldado romano simpatizante da causa judia, um casal de comerciantes cananeus e uma amiga de Maria de Magdala, de reputação duvidosa. Como entre os costumes de Jesus encontrava-se o de não excluir ninguém, havia convidado também dois fariseus interessados pela novidade de suas exposições e que dialogavam e discutiam com ele com frequência. Todavia, naquela ocasião, o que encontraram devia ter sido demais para eles, pois, ao verem os demais comensais, negaram-se a partilhar a mesa com eles e se foram, indignados.

Logo circulou um rumor de críticas que foi criando um círculo em torno de nós. A acusação concentrava-se em Jesus: "Quebrava nossas tradições mais sagradas", "assentava-se à mesa com a pior gentalha", "atrevia-se a fazê-lo em nome do mesmo Deus".

Secretamente, alguns de nós pensávamos como eles, ao menos em alguns aspectos, e somente Jesus permanecia aparentemente tranquilo em meio às acusações e aos rumores. No entanto, os que o conhecíamos intuíamos que aquilo o estava atingindo profundamente. Durante a noite, ficara orando até muito tarde e estava mais silencioso do que de costume.

Foi depois de uma daquelas longas vigílias de oração, quando pareceu ter-se livrado de um grande peso, que nos reuniu com a solenidade de quem quer dizer algo importante. Fê-lo como costumava, contando uma história: "Um homem tinha dois filhos. O mais jovem dentre eles...". À medida que avançava na narrativa, sentíamos que muitas de nossas ideias sobre Deus se despedaçavam como antigos odres ao contato com um vinho novo. Eram falsas as nossas imagens de um Deus autoritário, esmagador, legalista: Jesus convidava-nos a contemplá-lo naquele pai que espreitava, de longe, o caminho, a vê-lo correndo, ao encontro do filho que voltava, e a sentirmos, também nós, seu abraço que estreitava todos os nossos erros, acariciava todas as nossas cicatrizes, apagava todos os nossos equívocos. Conseguiu que nos sentíssemos refletidos naquele jovem perdido e murmurando com ele: "Não mereço ser chamado teu filho..." e, tal como ele, gratuitamente envoltos em um olhar amoroso que o perdoava e se esquecia de tudo. Escutamos nosso nome repetido com infinita ternura e nos encontramos imediatamente revestidos do traje de festa mais esplendoroso, e introduzidos na sala de um banquete preparado pelo Pai para nós, ao redor de uma mesa na qual havia lugar para todos.

Vimo-lo outra vez saindo ao encontro do filho mais velho, que se negava a entrar para a festa (eram somente os fariseus ou éramos também nós, com o coração asfixiado pela medida e pelo cálculo de merecimentos?). Ficamos, mais uma vez, deslumbrados perante o amor daquele pai em estado puro, um pai que vivia apenas da paternidade, ou seja, do dom de si e da capacidade de gerar vida, fazendo do pecador um príncipe e do que estava morto, um recém-nascido.

Quando terminou de falar, demo-nos conta de que nenhum de nós era mais o mesmo de antes: ao escutar aquela história de aparência trivial, tínhamo-nos debruçado sobre os segredos mais profundos do coração de Deus e começado a conhecê-lo como o amor que nunca se aparta, como um Deus que deseja apaixonadamente o retorno de cada um de seus filhos, um Deus tenaz, que espera, sai ao encontro, apressa-se, comove-se, perdoa, reúne, enche-se de alegria e celebra.

E aprendemos, de uma vez por todas, que a estranha conduta de Jesus, de acolher a todos os distanciados e perdidos, era um reflexo do que ele via o Pai fazer. E pretendia convencer-nos de até que ponto Deus nos ama e de que o amor é uma paixão. Uma paixão que faz sempre cometer loucuras.

ENTRAR NA ORAÇÃO DE JESUS

A leitura desta parábola deixa um fundo de tristeza ao constatar que nenhum dos dois filhos se comporta como o pai merecia. E nos convida a desejar a existência de um "terceiro filho", que vivesse em estreita relação com seu pai e vivesse junto dele não com a atitude servil dos criados, mas com a cumplicidade entusiasmada dos filhos.

Podemos unir-nos aos sentimentos de Jesus recitando o Salmo 119, sabendo que, para ele, era o desejo de seu Pai, e não a Lei e seu povo, o que o movia e enchia internamente de alegria.

Felizes os que guardam seus testemunhos,
procurando-o de todo o coração.
Eu me alegro com o caminho dos teus testemunhos,
mais do que com todas as riquezas.
Eu me delicio com teus estatutos
e não me esqueço da tua palavra.

Eu me apego aos teus testemunhos [...]
Eu corro no caminho dos teus mandamentos,
pois tu alargas o meu coração.
Faze-me entender e guardar tua lei,
para observá-la de todo o coração.
Eis que eu desejo teus preceitos,
dá-me vida pela tua justiça.
Vou andar por um caminho largo,
pois eu procuro teus preceitos.
Nos teus mandamentos estão as minhas delícias:
eu os amo.
Esta é minha consolação na minha miséria:
a tua promessa me dá vida.
Teus estatutos são cânticos para mim,
na minha casa de peregrino.
Esta é a parte que me cabe:
observar os teus preceitos.
Ensina-me o bom senso e o saber,
pois eu creio nos teus mandamentos.
Como amo a tua lei!
Eu a medito todo o dia.
Quão doce ao meu paladar é tua promessa,
é mais do que o mel em minha boca!
Teus testemunhos são minha herança para sempre,
a alegria do meu coração.
Alegro-me com tua promessa,
como quem acha um grande despojo.
Desejo tua salvação, Pai,
e minhas delícias então em tua lei.
(Sl 119,2.14.31a.32.34.40.45.47.50.54.66.97.103.111.162.176).

ESCOLHER A VIDA

UMA LUZ NO MONTE

LER O TEXTO

"Seis dias depois, Jesus tomou Pedro, Tiago e seu irmão João, e os levou para um lugar à parte, sobre uma alta montanha. E ali foi transfigurado diante deles. O seu rosto resplandeceu como o sol e as suas vestes tornaram-se alvas como a luz. E eis que lhes apareceram Moisés e Elias, conversando com ele. Então Pedro, tomando a palavra, disse a Jesus:

— Senhor, é bom estarmos aqui. Se queres, levantarei aqui três tendas: uma para ti, outra para Moisés e outra para Elias.

Ainda falava quando uma nuvem luminosa os cobriu com a sua sombra e uma voz, que saía da nuvem, disse:

— Esse é o meu Filho amado, em que me comprazo, ouvi-o!

Os discípulos, ouvindo a voz, muito assustados, caíram com o rosto no chão. Jesus chegou perto deles e, tocando-os, disse:

— Levantai-vos e não tenhais medo.

Erguendo os olhos, não viram ninguém: Jesus estava sozinho.

Ao descerem do monte, Jesus ordenou-lhes:

— Não conteis a ninguém essa visão, até que o Filho do Homem ressuscite dos mortos.

Os discípulos perguntaram-lhe:

— Por que razão os escribas dizem que é preciso que Elias venha primeiro?

Respondeu-lhes Jesus:

— Certamente Elias terá de vir para restaurar tudo. Eu vos digo, porém, que Elias já veio, mas não o reconheceram. Ao contrário, fizeram com ele tudo quanto quiseram. Assim também o Filho do Homem irá sofrer da parte deles.

Então os discípulos entenderam que se referia a João Batista" (Mt 17,1-13).

RELER A PARTIR DA MEMÓRIA DO CORAÇÃO

À luz do contexto bíblico...

Uma vez mais, um evangelista utiliza imagens e relatos do AT para "narrar Jesus" na oração e na liturgia. O relato da transfiguração de Jesus faz alusão à de Moisés na montanha (Ex 33,12-34), quando se encontra com o Senhor "no buraco da rocha", e o contato com sua glória o transforma em alguém resplandecente:

Quando Moisés desceu da montanha do Sinai, trazendo nas mãos as duas tábuas da aliança, sim, quando desceu da montanha, não sabia que a pele do seu rosto resplandecia porque havia falado com ele. Olhando Aarão e todos os israelitas para Moisés, eis que a pele de seu rosto resplandecia; e tinham medo de aproximar-se dele. Moisés, porém, os chamou; Aarão e os chefes da comunidade foram até ele, e Moisés lhes falou. Depois aproximaram-se todos os israelitas, e ordenou-lhes tudo o que o Senhor lhe havia dito sobre a montanha do Sinai. Quando Moisés terminou de lhes falar, colocou um véu sobre a face. Quando Moisés entrava diante do Senhor para falar com ele, retirava o véu, até o momento de sair. Ao sair, dizia aos israelitas o que lhe havia sido ordenado, e os israelitas viam resplandecer o rosto de Moisés. Depois Moisés colocava o véu sobre a face, até que entrasse para falar com o Senhor de novo. (Ex 34,29-35)

"O aspecto da glória do Senhor era, aos olhos dos israelitas, como um fogo consumidor no cimo da montanha" (Ex 24,17).

Elias também teve um encontro com Deus no alto do monte e se refugiou em outra gruta da rocha (1Rs 19). Por isso são precisamente Moisés e Elias os testemunhos de que a glória de Deus resplandece no rosto de Jesus. Sua presença na cena faz do relato da transfiguração uma confissão da divindade de Jesus, atestada pela lei e pelos profetas e, ao mesmo tempo, comunica-nos algo da experiência pascal dos discípulos.

A brancura das vestes de Jesus evoca a vinda do Filho do Homem: "...suas vestes eram brancas como a neve; e os cabelos de sua cabeça, alvos como a lã. Seu trono eram chamas de fogo com rodas de fogo ardente. Um rio de fogo corria, irrompendo diante dele..." (Dn 7,9-10). E será também o aspecto do jovem sentado sobre a tumba de Jesus (Mt 28,3).

Como contraste, aparece o simbolismo da *nuvem*, sempre vinculada, na Bíblia, à proximidade de Deus: no momento da travessia do mar, uma nuvem se interpôs entre Israel e o inimigo para proteger o povo e aterrorizar o perseguidor (Ex 14,19), e o livro da Sabedoria assim o recorda:

Viu-se a nuvem cobrir de sombra o acampamento, a terra enxuta emergir onde era água, o mar Vermelho convertido num caminho praticável e as ondas violentas qual planície verdejante, por ali passaram, como um só povo, os que eram protegidos por tua mão, e contemplando prodígios admiráveis.
(Sb 19,7-8)

Na boca de Isaías, a nuvem converte-se em sinal dos tempos escatológicos:

> O Senhor criará sobre todos os pontos do monte Sião e sobre todos os ajuntamentos de povo uma nuvem de dia e um fumo acompanhado de clarão de fogo durante a noite. Com efeito, sobre todas as coisas sua glória será abrigo e choupana, para servir de sombra de dia contra o calor, e para ser refúgio e esconderijo da tempestade e da chuva.
> (Is 4,5-6).

No Sinai, a nuvem escura pousada sobre o cume tornava visível e, ao mesmo tempo, escondia a presença de Iahweh; e durante a travessia do deserto ele caminhava adiante de seu povo, numa coluna de nuvem (Ex 13,21), sinal que, a um tempo, velava e revelava sua presença:

> A nuvem cobriu a Tenda da Reunião, e a glória do Senhor encheu a habitação. Moisés não pôde entrar na Tenda da Reunião porque a nuvem permanecia sobre ela, e a glória de Iahweh enchia o santuário. Em todas as etapas, quando a nuvem se levantava por cima da habitação, os israelitas punham-se em marcha. Mas se a nuvem não se levantava, também eles não marchavam, até que ela se levantasse. Pois de dia a nuvem do Senhor ficava sobre a habitação, e de noite havia dentro dele um fogo, aos olhos de toda a casa de Israel, durante todas as suas etapas.
> (Ex 40,34-38)

Estamos diante de um símbolo que expressa a impossibilidade de dominar o âmbito divino: dentro de uma densa névoa, ou rodeados por ela, não é possível *ver*, mas sim *escutar*, e isso situa Israel no âmbito correto de sua relação com

Deus. A nuvem não é obstáculo para fazer a experiência da proximidade do invisível, apenas impede ao crente exercer seu desejo de domínio e de controle sobre Deus, propondo-lhe, em troca, outro modo de acesso a ele, a partir da receptividade, que implica sentir-se privado de saber.

Quando Moisés expressa seu desejo de ver a Deus, escutará dele no Sinai:

> "Não poderás ver a minha face, porque o ser humano não pode ver-me e continuar vivendo." E o Senhor disse ainda: "Eis aqui um lugar junto a mim: põe-te sobre a rocha. Quando passar a minha glória, colocar-te-ei na fenda da rocha e cobrir-te-ei com a palma da mão até que eu tenha passado. Depois tirarei a palma da mão e me verás pelas costas. Minha face, porém, não se pode ver".
>
> (Ex 33,20-23)

Deus permite a Moisés situar-se em um lugar "junto a ele", não diante dele (Ex 33,21). Um sábio judeu dizia que a glória humana não consiste em levantar os olhos esperando contemplar a Deus, mas em ser elevado por ele para contemplar o mundo a partir de seu ponto de vista.

... descobrir o texto...

A alusão — "Seis dias depois" —, com que se começa o relato, evoca a criação definitiva, e nos faz contemplar a transfiguração de Jesus como o sábado definitivo. A cena ocorre em três tempos: no *primeiro* predomina o *visual*, e os discípulos contemplam um Jesus envolto em luz e sendo ponto de encontro de duas personagens emblemáticas da história de Israel. Os acontecimentos são contados a partir do ponto de vista dos discípulos, e sua relação com as outras três personagens é de distância e não de participação: a cena se desenrola em pleno céu e eles aparecem fora desse âmbito e sem palavra. Se Pedro pede para fazer uma tenda para Jesus, Moisés e Elias é porque a situação não é "habitável" para eles, que se encontram fora dela.

Em um *segundo* momento a situação se inverte: desaparece todo o visual a favor do *auditivo*, e já não há mais ponto de referência senão a voz do Pai que revela sua relação com seu Filho em termos de complacência e de amor. A cena já não acontece *perante* eles, pois agora a nuvem luminosa os envolve e os cobre como uma tenda. Os discípulos já estão dentro da cena, imersos no claro-escuro da nuvem. Os que, no início, eram apenas espectadores da luz da glória divina já não *veem*, ao contrário, *ouvem*; a voz dirige-se a eles, e invade-lhes um temor que os faz cair com o rosto por terra. O imperativo que recebem não é o de *ver* uma imagem fixa ou mensurável, mas *escutar* uma voz que não se sabe de antemão o que vai dizer. Terão de confiar na obediência, dia a dia, sem saber aonde os levará nem como a encontrarão.

Em um *terceiro* momento seus corpos prostrados são tocados por Jesus, que os convida a levantar-se (o mesmo verbo da ressurreição) e a não ter medo. É como se já tivessem participado da morte. O efeito final é que saem de sua prostração e se põem em pé graças a Jesus, dispostos a retomar o caminho.

... como Palavra para hoje

O texto imediatamente anterior ao da transfiguração, o do anúncio da Paixão e da resistência de Pedro, recorda-nos a impossibilidade de separar os aspectos luminosos da existência dos momentos obscuros: a dor, o gozo; a morte, a ressurreição. A contiguidade das duas cenas parece comunicar-nos o paradoxo pascal: o que está inundado de luz é precisamente aquele que atravessou a noite da morte e o que teve acesso ao ganho pelo estranho caminho da perda. A narrativa da transfiguração põe-nos diante de duas maneiras de ser discípulos: uma, empenhando-nos em açambarcar os momentos de luminosidade que Jesus proporciona, fazendo dele um objeto de posse; a outra, mais dura, convida a renunciar ao saber que a visão proporciona, remete à escuta de sua Palavra e reenvia ao caminho.

Assim como os discípulos, também nós necessitamos fazer a experiência da proximidade do Deus consolador. Se nunca vivemos esse tipo de experiência, podemos chegar a duvidar da existência da beleza, e ver apenas os aspectos opacos da realidade: a mediocridade que progride, os cálculos egoístas que substituem a generosidade, a rotina repetitiva e vazia que ocupa o espaço da alegria e da fidelidade.

O relato da transfiguração nos convida a evocar momentos de graça nos quais vivemos uma experiência de luz e nossa vida apareceu como que transfigurada: o amor se converteu em certeza, a fraternidade fez-se palpável e toda a realidade nos falou uma linguagem nova de esperança e de sentido. São clarões momentâneos que nos revelam o sentido do caminho de fé empreendido. Evocá-los e reconhecê-los como uma força recebida para continuar caminhando ajuda-nos a prosseguir a busca paciente de Deus e de seu Reino em meio à obscuridade e à incerteza.

Existe muita gente para quem a realidade está muda, gélida e morta, e o cristão é chamado a fazer possível que essas realidades possam revelar e transfigurar as pegadas do Deus que as habita.

DEIXAR RESSOAR A PALAVRA

Fala um membro da comunidade de Jerusalém

Estávamos passando por momentos difíceis na comunidade de Jerusalém, presidida por Mateus. Já desde o começo tínhamos sido um grupo olhado com suspeita e críticas por parte dos dirigentes do povo judeu que não havia aceitado Jesus. Contudo, as tensões foram aumentando e, poucos dias atrás, soubéramos que os "seguidores do Nazareno", como nos chamavam, tínhamos sido oficialmente excomungados na assembleia de Jâmnia.

Mateus estava ausente e entre nós tinham surgido certos problemas de liderança, mas eram sobretudo a calúnia e a perseguição que pairavam, como uma sombra, sobre nós. À fração do pão daquele primeiro dia da semana muitos faltaram, com certeza por medo de serem identificados como partidários de Jesus, e os poucos que tínhamos comparecido sentíamo-nos uma presença insignificante de excluídos em meio a um povo ao qual pertencíamos, mas que já não nos aceitava como seus.

Natanias propôs que lêssemos o relato da transfiguração de Jesus, tal como Mateus no-lo havia deixado em seu Evangelho, e concordamos sem muito entusiasmo. Já conhecíamos a tradição segundo a qual Jesus havia subido uma alta montanha, o Tabor, por certo levando consigo a Pedro, Tiago e João (Mc 9,2-13). Eram os mesmos que o haviam acompanhando quando entrou na casa de Jairo e devolveu a vida à sua filha, e os que mais tarde escolheu para estar com ele naquela noite terrível de sua oração no Getsêmani.

Todos nós, judeus de linhagem pura, conhecíamos bem as Escrituras e não nos era difícil reconhecer todas as alusões à história de nosso povo que Mateus havia empregado em seu relato:

146

— Se Moisés e Elias estiveram com o Mestre, quer dizer que Jesus é aquele de quem falaram a Lei e os profetas. Agora ele é quem ocupa o centro!

— Nossos sábios dizem que Elias não morreu, mas que foi arrebatado em um carro de fogo (2Rs 2,11; Ml 3,23) e que voltará no final dos tempos. Penso que Mateus quis dizer-nos que será Jesus quem voltará envolto em majestade para julgar o mundo.

— Vocês não recordam como o rosto de Moisés também irradiava luz quando falava com Iahweh no Sinai? (Ex 34,29). O Senhor fazia sentir a intensidade de sua presença no meio de uma nuvem (Ex 24,12-18)...

— Com certeza, Mateus quer aludir também ao êxodo e ao deserto, por isso põe na boca de Pedro o "fazer três tendas", tal como a Tenda da Reunião abrigava a arca da aliança...

— A "alta montanha" e a voz de Deus que fala de seu Filho primogênito, não será para manter presente nosso pai Abraão, que no monte Moriá esteve disposto a oferecer a Deus Isaac, seu primogênito? (Gn 22).

— Eu penso que, por trás de Jesus, encontra-se mais a figura misteriosa do Servo de Iahweh, do qual falava Isaías: "Eis o meu Servo, que eu sustento; o meu eleito, em quem tenho prazer" (Is 42,1). E foram essas mesmas palavras que se ouviram quando João o estava batizando (Mt 3,17).

— Mas, igualmente, o Filho do Homem que aparece nas profecias de Daniel resplandece como o sol... (Dn 10,5-6).

De repente, interveio Lísias, que não era judeu, mas um grego fixado em Jerusalém, e que havia abraçado o Caminho e se havia batizado. Notamos uma mistura de arrebatamento e de indignação em sua voz:

— Os comentários de vocês me fazem pensar que estou entre um grupo de fariseus que comentam uma passagem

147

da Torá! Por que não deixam de revolver o passado e não se confrontam com o que o relato da transfiguração nos diz sobre o mistério de Jesus? Como é que nenhum de vocês lembrou que, ao descer da montanha, ele ordenou a seus discípulos: "Não conteis a ninguém essa visão, até que o Filho do Homem ressuscite dos mortos...?", e a seguir lhes falou do que ele próprio teria de sofrer? Isso não leva vocês a pensar que o monte no qual Mateus está pensando é o Calvário? De um lado, responde à pergunta que se punham todos os que conheceram Jesus acerca de quem ele era, e responde: "É o Filho único do Pai". Todavia, acima de tudo fazendo frente ao escândalo que nos cerca a todos, ao recordar que seguimos alguém que foi crucificado em meio ao pior dos fracassos e num suplício que somente os escravos merecem. Na cruz, Jesus estava desfigurado, igual ao Servo de Iahweh, de quem lemos que todos desviavam o olhar (Is 53,3). No entanto, encontramos força para contemplá-lo aí graças ao fato de que a glória futura do Filho se manifestou por um momento no Tabor, inundado de luz e participando da glória de seu Pai. Ali se manifestou algo do esplendor de sua divindade, e essa visão é como uma luz que nos ajuda a "transfigurar a cruz" que tanto nos escandaliza e nos custa aceitar. Vocês não creem que também deu forças a ele mesmo? Porque não fincou sua tenda na montanha, como queria Pedro, mas desceu de novo ao caminho que o conduziria a Jerusalém...

As palavras de Lísias foram para mim um clarão de luz que me fez sentir como Moisés diante da sarça ardente, só que agora não era um homem apenas quem escutava a voz: seus destinatários éramos todos nós. Já não era somente a sarça que ardia, mas também todo o monte estava em chamas. E as palavras que ouvíamos vinham daquele a quem Jesus nos havia ensinado a chamar de "Pai" e que dizia: "Este é meu Filho amado. Escutai-o!"

Dei-me conta de que essa escuta nos dava a chave para decifrar o sentido do que estávamos vivendo e fazia com que nossas trevas ficassem inundadas de luz. Os momentos de perseguição que atravessávamos se transfiguravam e apareciam como uma realidade que tinha em sua raiz o lenho da cruz, carregado como um fruto de vida.

Tomei a palavra para dizer:

— Irmãos, vamos orar de acordo com o costume de nosso povo, pronunciando nossa bênção: "Bendito sejas, Senhor, Deus do universo, porque no rosto transfigurado de teu Filho nos permitiste descobrir o resplendor de teu rosto três vezes santo! Bendito sejas, porque nos chamas a acompanhar teu Filho pelo caminho das contradições e da perseguição! E bendito sejas por revelar-nos a luz que se esconde por trás da morte, quando esta é abraçada com amor".

ENTRAR NA ORAÇÃO DE JESUS

— Pai, ontem, em minha oração da noite, acossado pela dor que me causa o desânimo de tantos que vou encontrando em meu caminho, repetia, em nome deles, palavras dos salmos de meu povo: "O Senhor é minha luz e minha salvação: de quem terei medo? O Senhor é a fortaleza de minha vida: diante de quem tremerei? (Sl 27,1-2). Envia tua luz e tua verdade: elas me guiarão, levando-me à tua montanha sagrada, às tuas moradas" (Sl 43,3). "Tu, Senhor, és minha lâmpada; meu Deus, ilumina minha treva" (Sl 18,29).

Hoje, na montanha, depois de escutar, de novo, tua voz, que repetia como no momento de meu batismo: "Este é meu Filho amado, escutai-o", compreendi uma vez mais de onde nasce essa luz que andava buscando: saber-me teu filho amado é o que faz irradiar, a partir do mais profundo de mim mesmo, uma luz que transfigura todo o meu ser. Vinham-me à memória, como se fossem escritas para mim, as palavras de Isaías:

> Naquele dia, o rebento de Iahweh se cobrirá de beleza e de glória, o fruto da terra será motivo de orgulho e um esplendor para os sobreviventes de Israel. Então, o Senhor criará sobre todos os pontos do monte Sião e sobre todos os ajuntamentos de povo uma nuvem de dia e um fumo acompanhado de um clarão de fogo durante a noite. Com efeito, sobre todas as coisas sua glória será um abrigo e uma choupana, para servir de sombra de dia contra o calor, e para ser um refúgio e esconderijo da tempestade e da chuva.
>
> (Is 4,2.5-6)

Sinto que é isso o que eu queria ser para meus irmãos, e sei que a glória com que hoje me revestiste não é somente minha, mas deles também. Por isso gostaria de anunciar-lhes: "Contemplai vosso Deus e ficareis radiantes!" (Sl 34,6). Ousai crer que vosso Pai pronuncia sobre vós as mesmas palavras que pronunciou sobre mim! Aproximai-vos de mim para escutá-las, como os pintinhos que se refugiam debaixo das asas protetoras de sua mãe.

E à luz desse teu amor que nos inunda com sua claridade gostaria de dizer-lhes as palavras de ânimo do profeta Baruc (5,1-5a.6.9):

> Despe, Jerusalém, a veste da tua tristeza e desgraça, e reveste para sempre a beleza da glória que vem de Deus. Cobre-te com o manto da justiça que vem de Deus, e coloca sobre a cabeça o

diadema da glória do Eterno. Pois Deus mostrará o teu fulgor debaixo do céu, e te chamará com o nome que vem de Deus para sempre: Paz-da-Justiça e Glória-da-Piedade. Levanta-te, Jerusalém, coloca-te sobre o alto [...], porque eles saíram de ti a pé, arrastados por inimigos, mas Deus os reconduz a ti, carregados de glória, como para um trono real. [...] Pois Deus conduzirá Israel com alegria, na luz de sua glória, com a misericórdia e a justiça que dele procedem.

ESCOLHER A VIDA

PREFERIR OS PEQUENOS

LER O TEXTO

"E chegaram a Cafarnaum. Em casa, ele lhes perguntou:
— Sobre o que discutíeis no caminho?

Ficaram em silêncio, porque pelo caminho vinham discutindo sobre qual era o maior. Então, ele, sentando-se, chamou os Doze e disse:

— Se alguém quiser ser o primeiro, seja o último de todos e o servo de todos.

Depois, tomou uma criança, colocou-a no meio deles e, pegando-a nos braços, disse-lhes:

— Aquele que receber uma destas crianças por causa do meu nome, a mim recebe; e aquele que me recebe, não é a mim que recebe, mas sim aquele que me enviou" (Mc 9,33-37).

RELER A PARTIR DA MEMÓRIA DO CORAÇÃO

À luz do contexto bíblico...

Toda a Bíblia está permeada pela preferência de Deus pelos pequenos e pelos últimos: Abel era menor que Caim, mas era seu sacrifício que comprazia ao Senhor (Gn 4,4). Jacó não era o filho mais velho de Isaac, mas foi a ele que Iahweh bendisse e a quem prometeu: "Eu estou contigo e te guardarei em todo lugar aonde fores, e te reconduzirei a esta terra, porque não te abandonarei enquanto não tiver realizado o que te prometi" (Gn 28,15). Os dois filhos menores de Jacó foram seus preferidos, e diante de José inclinaram-se todos os seus irmãos (Gn 37,7). Moisés era lerdo no falar, e Jeremias, apenas uma criança, mas foram eles os escolhidos pelo Senhor para serem chefe e profeta de seu povo, respectivamente (Ex 4,10; Jr 1,6). Davi era o menor de sua casa, e o Senhor o escolheu quando era apenas um adolescente que andava atrás do gado (1Sm 16,1-13) e, se venceu a Golias, não foi com o poder de sua lança, mas com sua funda de pastor (1Sm 17,12-58).

É significativa a narrativa da vitória de Gedeão em Madiã:

Então o Senhor disse a Gedeão: "O povo que está contigo é numeroso demais para que eu entregue Madiã nas suas mãos; Israel poderia gloriar-se disso à minha custa, e dizer: 'Foi a minha própria mão que me livrou!'. Agora, pois, proclama aos ouvidos de todo o povo: 'Quem estiver tremendo de medo, volte'". Vinte e dois mil homens voltaram para casa e restaram ainda dez mil. O Senhor disse a Gedeão: "Esse povo ainda é muito numeroso. Faze-os descer à beira da água e lá eu os provarei para ti. Aquele de quem eu disser: 'Este irá contigo', esse contigo irá. E todo aquele de quem eu disser: 'Este não irá contigo', esse não irá". [...] Então o Senhor disse a Gedeão: "É com os trezentos que lamberam a água que eu vos salvarei e entregarei Madiã nas tuas mãos".
(Jz 7,2-4.7)

Miqueias situa a pequena Belém acima da soberba de Jerusalém:

Mas tu, Belém de Éfrata,
tão pequena entre as principais cidades de Judá!

De ti é que sairá para mim
aquele que há de ser o chefe de Israel!
(Mq 5,1)

As mulheres representam também a mesma condição de pequenez que permite a manifestação da força do Senhor: ele edificou a casa de Israel a partir de mulheres estéreis (Sara, Rebeca, Raquel, Ana...); foi uma humilde viúva pagã que assegurou a vida de Elias (1Rs 17); e quando os israelitas tremeram sob a ameaça de inimigos invencíveis, despertaram Débora, Jael e Judite, e a altivez de Sísara e Holofernes foi derrubada pela mão delas (Jz 5; Jd 9-16). Por isso o salmo proclama:

Se o Senhor não constrói a casa,
em vão labutam os seus construtores;
se o Senhor não guarda a cidade,
em vão vigiam os guardas.
(Sl 127,1)

A Bíblia conserva a memória dos nomes de muitos homens e mulheres dos quais não exalta nem o poder nem a força, mas sua capacidade para deixar que o Senhor atue neles, e proclama que a casa de Israel está edificada sobre eles.

Essa convicção prolonga-se no NT, como contraste com um sociedade onde o *status* das crianças era de insignificância e até de certo desprezo e desvalorização. Como contraste, "uma criança" converte-se para Jesus num modo de designar os simples, os humildes e os pobres que, conscientes de suas carências, e por não disporem de outra possibilidade senão a de receber, simbolizavam as atitudes de disponibilidade, receptividade e confiança.

... descobrir o texto...

Compreende-se melhor essa passagem do Evangelho lendo-se o contexto imediatamente anterior e também o que se segue. Marcos situa-o imediatamente depois do segundo anúncio da Paixão (9,30-32), antes de deixar a Galileia para subir a Jerusalém. Diante da pergunta que os discípulos se faziam em torno de quem seria o maior no Reino dos Céus, Jesus responde com um gesto carregado de sentido, que ilustra o que acaba de dizer acerca de seu final.

"Sentou-se", diz Marcos: é um detalhe que evoca o ensinamento dado de uma cátedra ou de um lugar de magistério e, a partir desse lugar de autoridade, convoca os Doze e os que queriam construir o Reino sendo os "maiores" e os "primeiros" a fim de ensinar-lhes que o que ele busca são os "últimos" e os "servidores". A disposição fundamental no AT era praticar a Lei, "fazer" algo para receber a justificação. A novidade da condição revelada por Jesus para entrar no Reino é a de "deixar-se fazer", acolher e receber esse dom de Deus como as crianças. Daí a necessidade de "renascer" para esse novo modo de viver diante de Deus. Fazer-se como uma criança equivale ao "converter-se" do AT.

"Depois, tomou uma criança, colocou-a no meio deles". Os discípulos estavam procurando ser o centro, mas para Jesus o centro já está ocupado precisamente por alguém humilde e sem pretensões, alguém que se sabe dependente dos mais velhos e se reconhece necessitado de estar sempre aprendendo. Uma criança não tem de fazer nada, somente confiar e deixar-se cuidar e amar, por isso rompe a dinâmica da suficiência e das pretensões de domínio e de poder.

No capítulo seguinte, Marcos intercala outra cena na qual as crianças são os protagonistas, e coloca na boca de Jesus esta cortante afirmação: "O Reino de Deus pertence aos que são como elas" (Mc 10,14).

... como Palavra para hoje

No texto paralelo de Mateus ao de Marcos (Mt 18,1-7), existe uma mudança significativa de expressão: em vez de dizer "crianças", diz "pequenos", e este termo, mais amplo, permite designar toda pessoa adulta que conservou uma atitude de criança em seu jeito de relacionar-se e é capaz de entregar sua confiança a outro e de expor-se sem defesas.

Vivemos em uma sociedade que grava a fogo em nossa consciência suas palavras de ordem de dominar e triunfar; nela só se pronuncia o nome dos que sobem, dos que são sadios e fortes, e sentimos a tentação de correr atrás deles, de basear nossa vida sobre o que sabemos, possuímos e cremos ter valor, negando em nós mesmos e nos outros tudo o que soa a debilidade, carência e limite.

Talvez sem dar-nos conta, fazemos Deus entrar nesse jogo e o convertemos num ídolo que se compraz nas obras de nossas mãos, no suor de nossa fronte quando trabalhamos para ele, na conduta impecável com que buscamos agradá-lo. É um deus que ama se o amamos, que nos premia por nossos méritos e nos sorri quando cumprimos suas leis.

As palavras de Jesus convidam-nos a uma atitude muito diferente: deixar para trás nossa "personagem", as máscaras atrás das quais nos escondemos, as defesas com as quais procuramos proteger-nos ou os méritos que tentamos acumular. Incitam-nos a reconhecer nossa fragilidade e a aceitar nosso desfavor; a abrir-nos à admiração do amor de um Deus que nos acolhe incondicionalmente, como um pai e ou uma mãe a seu filho, não porque o mereçamos, mas porque não pode evitar de querer-nos, porque negaria a si mesmo se não fosse pura gratuidade.

Acolher seu chamado nos permite sentir-nos unidos a tantos homens, mulheres e povos inteiros esquecidos pelas crônicas internacionais, mas que são a menina dos olhos de Deus. E repetir, deslumbrados, como Jacó: "Eu sou indigno de todos os favores e de toda a bondade que tiveste para com teu servo" (Gn 32,11).

A partir daí, podemos perguntar-nos se nossa ideia da vida cristã está entrando nessa lógica do Reino, que se caracteriza, acima de tudo, pela *gratuidade de relações*; se continuamos a viver em chave de "ganhos", "méritos" e "aquisições"; ou vamos aceitando com alegria e agradecimento que, na relação com Deus, tudo é dom gratuito que não se merece, mas se acolhe.

Vamos examinar também como acolhemos os que nos parecem "pequenos": com superioridade? Com respeito? A partir da convicção de que eles são os primeiros no Reino? Porque podemos sentir-nos como os discípulos, desejando o que Santa Teresa chamava "as maiorias": ser o maior, ser importante, ser o primeiro... Podemos aproximar-nos de Jesus, confessar-lhe esses desejos tão diferentes dos seus e pedir-lhe que nos ensine não a imitar as crianças ou a recuperar uma inocência perdida, mas a "nascer de novo", a despreocupar-nos de nossas carências e a ser receptivos e confiantes.

DEIXAR RESSOAR A PALAVRA

Fala um dos discípulos

Falávamos em voz baixa, mas a agitação que demonstrávamos e a expressão de nossos rostos tornavam inútil nosso esforço em dissimular, diante de Jesus, que estávamos travando uma violenta discussão. Havíamos caminhado muito e nos sentamos para descansar um pouco antes de chegar a Cafarnaum. Como quase sempre, um grupo de crianças que brincavam por ali veio bisbilhotar quem eram os forasteiros e, quando descobriram que era Jesus, já não houve jeito de fazê-las ir embora. Como havia acontecido em outras ocasiões, nós tentamos afastá-las, mas, tal como das outras vezes, Jesus opôs-se e as chamou para sentar-se com ele à sombra de outra árvore diferente, a fim de falar-lhes e brincar com elas sem que os importunássemos. Nenhum de nós podia compreender como perdia tempo com elas, tampouco o estranho magnetismo com que atraía aquela legião de moleques impertinentes que não o deixavam em paz, sem que parecessem perturbá-lo o mínimo que fosse. Do lugar onde nos encontrávamos, ouvíamo-los rir por causa de algo que Jesus contava e que não conseguíamos escutar. E, por outro lado, nós estávamos tão concentrados em nossa discussão que não nos importava muito. Lá, ele sim perdia seu tempo com semelhante companhia.

O tema de nossa polêmica vinha de longe, quase desde o começo de nosso grupo. Não foi coisa dos primeiros momentos, quando ainda vivíamos sob o impacto de um chamado que nos havia arrancado de nossa vida cotidiana para convocar-nos ao seguimento do Mestre. Surgiu à medida que nos conhecíamos melhor, quando nos demos conta das falhas de cada um e quando, à força de escutar Jesus falar do Reino, começamos a imaginar-nos como seria e a planejar como situar-nos nele de maneira vantajosa.

No princípio, não nos atrevíamos a falar disso, ainda que nos surpreendêssemos em atitudes tão desconfiadas uns dos outros, que qualquer um podia perceber as ambições, os ciúmes e as pretensões que se iam aninhando no coração de cada um. Mais tarde, começamos a expressá-las em voz alta e, tal como naquela tarde em Cafarnaum, envolvíamo-nos em conversas intermináveis sobre como se iria estabelecer a autoridade nessa nova situação a que Jesus chamava de "Reino" e que todos desejávamos que acontecesse logo. De maneira mais ou menos dissimulada, cada qual fazia valer suas próprias qualidades e poderes: aquele que tinha facilidade para falar, usava a palavra para tratar de convencer com suas ideias; o que se considerava mais preparado por ter frequentado, desde jovem, uma escola rabínica, exercia seu saber como arma para fazer calar aos mais ignorantes; os acostumados a trabalhar mais duramente desprezavam tudo o que não fosse eficácia e pragmatismo; os de caráter violento ("filhos do trovão" — assim os chamava Jesus) tratavam de dominar-nos com seus gritos e presumiam ser os mais próximos do Mestre por causa de seu parentesco com ele. Jesus costumava intervir em nossas discussões com ideias estranhas que nenhum de nós entendia, mas nas palavras e nos gestos daquela tarde ele foi mais longe do que nunca.

Após o descanso, havíamos empreendido de novo o caminho, mas continuávamos acalorados em uma discussão sobre quem de nós era o mais capacitado para postos de importância no Reino. Jesus juntara-se a nós, por detrás, ainda rodeado pela tropa de crianças e, quando menos esperávamos, lançou-nos a pergunta:

— Do que vocês estão falando?

Nenhum de nós se atreveu a responder-lhe porque era evidente que ele já se havia dado conta e, como naquele momento estávamos chegando à casa de Pedro, onde nos alojávamos, procuramos desviar a conversa. Mas ficamos admirados quando vimos que convidava uma das crianças que o acompanhavam a entrar também e, quando nos chamou para que nos sentássemos a seu redor, disse:

— Se alguém aspira a ser o primeiro, que se faça o último e o servo de todos. Eu vos asseguro: quem não receber o Reino como uma criança, não entrará nele...

Ficou um momento pensativo, a seguir acariciou a criança e a mandou embora, para que voltasse a juntar-se às outras.

Nós estávamos desconcertados e confusos, como se agora fôssemos nós mesmos crianças surpreendidas em falta, tão ignorantes e lerdos como quando começávamos a aprender a ler. Ninguém se atreveu a dizer nada naquele momento, e a ceia transcorreu em silêncio. Naquela noite, porém, estendidos em nossas esteiras, todos nos revolvíamos, sem conciliar o sono, por culpa daquela lição estranha que havíamos recebido: que tipo de Reino era aquele que nosso Mestre pretendia instaurar? Em que cabeça podia caber que nele os mais importantes fossem precisamente os últimos? Que futuro havia-se de esperar de um grupo desprovido do mais elementar realismo, no qual se valorizava o que a olhos vistos era desprezível e insignificante?

Só começamos a entendê-lo depois, quando vimos Jesus, rebaixado em sua Paixão, humilhado e desprezado, convertido no último dos homens. E quando, em sua Ressurreição, vimo-lo de pé, primogênito dentre os mortos. Vivente em meio a nós, experimentamos o que era acolher, como crianças, o dom que nos fazia o Pai da Vida em seu Filho ressuscitado.

E soubemos também que seu Reino está para sempre unido à sorte dos últimos e dos pequenos.

ENTRAR NA ORAÇÃO DE JESUS

Uma cena do Evangelho de Lucas nos põe em contato com a experiência de Jesus de sintonizar-se com o Pai em sua preferência pelos pequenos:

Naquele momento, ele exultou de alegria sob a ação do Espírito Santo e disse: "Eu te louvo, ó Pai, Senhor do céu e da terra, porque ocultaste essas coisas aos sábios e entendidos, e as revelaste aos pequeninos. Sim, ó Pai, porque assim foi do teu agrado. Tudo me foi entregue por meu Pai e ninguém conhece quem é o Filho senão o Pai, e quem é o Pai senão o Filho e aquele a quem o Filho o quiser revelar".
(Lc 10,21-22).

A partir dessas suas palavras, podemos imaginar sua oração, levando em conta diferentes passagens da tradição de seu povo:

— Hoje escutei, na sinagoga, estas palavras do Deuteronômio, que revelam a todos algo que eu conheço já faz muito tempo, desde que comecei a pronunciar teu Nome: que as preferências de teu coração estão do lado dos pequeno e simples, dos que não se apoiam em seus próprios saberes ou méritos, mas que se confiam a teu amor:

Se o Senhor se afeiçoou a vós e vos escolheu, não é por serdes o mais numeroso de todos os povos — pelo contrário: sois o menor dentre os povos! — e sim por amor a vós e para manter a promessa que ele jurou aos vossos pais; por isso o Senhor vos fez sair com mão forte e te resgatou da casa da escravidão, da mão do faraó, rei do Egito.
(Dt 7,7-8)

Junto de ti, Pai, aprendo dia após dia a reconhecer-te nos que, aos olhos de todos, não são poderosos nem importantes, mas a quem, no entanto, descubro à sombra de tuas asas e queridos como a menina de teus olhos. Nas palavras de Isaías, teu profeta, tu és essa cidade fortificada, de portas abertas de par em par, que oferece abrigo aos desvalidos, por isso eles podem confiar sempre que entrarão nela com seus pés descalços e seus passos vacilantes (Is 26,1-6).

Quando rezo por meu povo, não te recordo a Aliança que fizeste com ele, nem pronuncio os nomes de seus melhores antepassados: Abraão, Moisés ou Davi… Ao contrário, digo-te com as palavras de Amós: "Senhor Iahweh, perdoa, eu te peço! Como poderá Jacó subsistir? Ele é tão pequeno!" (Am 7,2); por isso rezo em nome dele com o salmo que expressa a força que tem diante de ti a fraqueza:

> Senhor, meu coração não se eleva,
> nem meus olhos se alteiam;
> não anda atrás de grandezas,
> nem de maravilhas que me ultrapassam.
> Não! Fiz calar e repousar meus desejos,
> como criança desmamada no colo de sua mãe,
> como criança desmamada estão em mim meus desejos.
> Israel, põe tua esperança no Senhor,
> Desde agora e para sempre!
> (Sl 131)

ESCOLHER A VIDA

COMO HERDAR
A VIDA ETERNA

LER O TEXTO

"Ao retomar o seu caminho, alguém correu e ajoelhou-se diante dele, perguntando:

— Bom Mestre, que farei para herdar a vida eterna?

Jesus respondeu:

— Por que me chamas bom? Ninguém é bom senão Deus. Tu conheces os mandamentos: não mates, não cometas adultério, não roubes, não levantes falso testemunho, não prejudiques ninguém, honra teu pai e tua mãe.

Então, ele replicou:

— Mestre, tudo isso eu tenho guardado desde minha juventude.

Fitando-o, Jesus o amou e disse:

— Uma só coisa te falta: vai, vende o que tens, dá aos pobres e terás um tesouro no céu. Depois, vem e segue-me.

Ele, porém, contristado com essas palavras, saiu pesaroso, pois era possuidor de muitos bens.

Então, Jesus, olhando em torno, disse a seus discípulos:

— Como é difícil a quem tem riquezas entrar no Reino de Deus!

Os discípulos ficaram admirados com essas palavras. Jesus, porém, continuou a dizer:

— Filhos, como é difícil entrar no Reino de Deus! É mais fácil um camelo passar pelo fundo da agulha do que um rico entrar no Reino de Deus!

Eles ficaram muito espantados e disseram uns aos outros:

— Então, quem pode ser salvo?

Jesus, fitando-os, disse:

— Aos seres humanos é impossível, mas não a Deus, pois para Deus tudo é possível.

Pedro começou a dizer-lhe:

— Eis que nós deixamos tudo e te seguimos.

Jesus declarou:

— Em verdade vos digo que não há quem tenha deixado casa, irmãos, irmãs, mãe, pai, filhos ou terras por minha causa ou por causa do Evangelho que não receba cem vezes mais desde agora, neste tempo, casas, irmãos e irmãs, mãe e filhos e terras, com perseguições; e, no mundo futuro, a vida eterna. Muitos dos primeiros serão últimos, e os últimos serão primeiros" (Mc 10,17-31).

RELER A PARTIR DA MEMÓRIA DO CORAÇÃO

À luz do contexto bíblico...

A pergunta do homem que se aproximou de Jesus (os outros evangelistas acrescentam que se tratava de um jovem) gira em torno da *vida eterna* e, num primeiro momento, a resposta o remete ao cumprimento dos 613 mandamentos da Torá. Ele, apesar de reconhecer que os havia cumprido, sente que não alcançou a *vida eterna*, e Jesus enxerga nele uma carência. Trata-se de uma ideia presente, de alguma forma, no Salmo 15, que, além dos 613 mandamentos, parece acrescentar mais 11.

Iahweh, quem pode hospedar-se em tua tenda?
Quem pode habitar em teu monte sagrado?
Quem anda com integridade
e pratica a justiça:
fala a verdade no coração,
e não deixa a língua correr;
não faz mal ao seu próximo
e não difama seu vizinho:
despreza o ímpio com o olhar,
mas honra os que temem a Iahweh;
jura com dano próprio
sem retratar-se;
não empresta dinheiro com usura,
nem aceita suborno contra o inocente.
Quem age deste modo jamais vacilará!

Não propõe um resumo dos mandamentos, mas algo mais, que se define como "hospedar-se na tenda do Senhor, habitar em seu monte sagrado". É a tenda do encontro, na qual o Senhor falava com Moisés como um amigo fala com outro (Ex 33,11) e, quando se trata de existir em sua Presença, os mandamentos ficam para trás, e o que se deve percorrer é um caminho de vida.

O Talmude expressará algo parecido: Seiscentos e treze mandamentos foram enunciados por Moisés no monte Si-nai: 365 negativos, correspondentes aos dias do ano solar, e 248 positivos, tantos quanto o número de órgãos do corpo humano. Depois veio Davi e os reduziu a 11 (os do Sl 15). "Quem anda com integridade e pratica a justiça" é aquele que, como Abraão, obedece à Palavra do Senhor: "Anda na minha presença e sê perfeito" (Gn 17,1).

Mais tarde, veio Isaías, que reduziu o número dos mandamentos a seis: "Em Sião, os pecadores ficaram apavorados: o tremor se apoderou dos ímpios. Quem de nós poderá permanecer junto ao fogo devorador? Quem dentre nós poderá manter-se junto aos braseiros eternos? Aquele que pratica a justiça e fala o que é reto, que despreza o ganho explorador, que se recusa a aceitar o suborno, que tapa os ouvidos para não ouvir falar em crimes de sangue, que fecha os olhos para não ver o mal, este habita nas alturas, os rochedos inacessíveis serão seu refúgio. O pão de que necessita lhe será dado, e a água para a subsistência lhe será assegurada" (33,14-16).

O profeta Miqueias reduziu-os a três: "Foi-te anunciado, ó homem, o que é bom, e o que Iahweh exige de ti: nada mais do que praticar a justiça, amar a bondade e te sujeitares a caminhar com teu Deus!" (6,8).

De novo Isaías reduziu-os a dois: "Observai o direito e praticai a justiça" (56,1). Amós, por sua vez, resumiu esses dois mandamentos em um: "Procurai-me e vivereis" (5,4). Finalmente, Habacuc resumiu-os também em um: "O justo viverá por sua fidelidade" (2,4).

Para expressar essa relação de intimidade com Deus, a Escritura emprega os termos *herdar* e *herança*.

> Então te deleitarás no Senhor, e eu te farei levar em triunfo sobre as alturas da terra, eu te nutrirei com a herança de Jacó, teu pai".
> (Is 58,14)

> Teus testemunhos são minha herança para sempre.
> (Sl 119,111)

Em sua resposta ao jovem que deseja *herdar a vida eterna*, Jesus convida-o a segui-lo e isso, no NT, é o equivalente ao desejo do orante do Salmo 73:

Quanto a mim, estou sempre contigo,
tu me agarraste pela mão direita;
tu me conduzes com teu conselho
e com tua glória me atrairás [...]
A rocha do meu coração,
minha porção é Deus
para sempre!
(Sl 73,23-24.26)

Para o NT, *herdar a vida eterna* é uma afirmação clara de que Deus é preferível a todo o mundo, e que a suprema felicidade é viver com ele: "A graça de Deus é a vida eterna em Cristo Jesus, nosso Senhor" (Rm 6,23). "Ora, a vida eterna é esta: que eles te conheçam a ti, o único Deus verdadeiro, e aquele que enviaste, Jesus Cristo" (Jo 17,3).

... descobrir o texto...

"Ao retomar o seu caminho, alguém correu...". O encontro dá-se no caminho de Jesus para Jerusalém, e o homem que vem à sua procura (no começo, Marcos não oferece nenhum outro dado sobre ele, deixando o "efeito surpresa" para o final) acerca-se correndo, como que fustigado por uma urgência implacável, e se ajoelha diante de Jesus, com respeito, como se visse nele seu último recurso para encontrar resposta à pergunta que lhe é urgente resolver. Não vem a Jesus como outras personagens oprimidas pela enfermidade, mas sim a partir de uma inquietude interior: que tem de fazer para herdar a vida eterna? Não parece preocupá-lo a vida terrena; tendo a subsistência garantida, ele pergunta por uma vida definitiva, própria do mundo futuro: como evitar que a morte seja o fim de tudo? Que fazer para consegui-lo?

Ele chama a Jesus de "Bom Mestre", não tanto como reconhecimento de sua bondade, mas outorgando-lhe a "excelência" na hora de orientá-lo no modo de conseguir essa vida que busca. Jesus remete-o aos mandamentos, e quando lhe responde que os tinha cumprido desde sua juventude, Jesus fixa nele o olhar com carinho, acentuando a comunicação pessoal e manifestando seu afeto por alguém que vive em busca de Deus.

O que lhe responde é algo bem diferente do que dissera a outros na hora de convidá-los ao seguimento: aos discípulos da primeira hora, não lhes pediu para deixar nada: eles mesmos é que, espontaneamente, deixaram suas redes ou seu pai na barca (Mc 1,18-20) para empreender uma vida nova; tampouco impôs alguma condição a Levi (Mc 2,14). A este de agora não lhe diz "se queres", mas emprega quatro imperativos curtos: *vai, vende, dá, segue-me...*

O jovem expõe sua inquietude pela vida eterna em termos de *posse* (*herdar*) e, em relação aos mandamentos, diz que os *guardou*. Em sua resposta, Jesus emprega os mesmo códigos de linguagem, mas em outra direção: não na do *acréscimo, da posse ou da herança*, mas na da *desapropriação, do desprendimento, do esvaziamento e da entrega...* Isso é "o que falta".

A inquietude do jovem estava centralizada na *vida eterna*, e Jesus responde-lhe indicando-lhe a *vida terrena*, na qual é possível *vender* e *dar aos pobres*. Diante de sua preocupação com o "além", Jesus indica-lhe o "aquém". O caminho para conseguir a outra vida (*um tesouro no céu*) passa necessariamente por uma maneira de usar seus bens, de forma a deixá-los, concretamente, na mão dos pobres, e seguir a Jesus. "Uma coisa lhe faltava", não para herdar a vida definitiva, mas para realizar em si mesmo o projeto de Deus, para encontrar a felicidade que não possuía e a plenitude à qual estava chamado. Todo acesso a um "tesouro no céu" passa por um modo concreto de "gerenciar" o tesouro que se possui aqui "à moda" de Deus. Participar da vida de Deus, que é no que consiste a vida eterna, é participar em sua prodigalidade e em sua generosidade.

... como Palavra para hoje

A pergunta fundamental de nossa vida é como chegar a viver uma vida "eterna", ou seja, para além das limitações do tempo, da fragilidade e da caducidade das relações humanas, uma vida plena, profunda, transbordante... Os que seguiram Jesus fizeram a experiência de estar junto de alguém que vivia assim, não obstante ter deixado tudo. Seu único tesouro era a confiança em seu Pai, e seu projeto era ensiná-los a viver a partir da liberdade e da alegria que proporcionam o desprendimento e a despreocupação em possuir e acumular. O estranho de sua sabedoria consistiu em afirmar que a vida que buscavam estava relacionada com o *deixar*, não com o *reter*.

Suas palavras desmascaram todo o poder alienante que encerram as riquezas que despertam em nós a necessidade insaciável de ter sempre mais. Jesus viu, em profundidade, que o rico corre o risco de sufocar os desejos de liberdade, justiça e fraternidade presentes no mais íntimo do ser humano. A riqueza endurece e insensibiliza as necessidades dos demais e, ainda que se viva uma vida piedosa e irrepreensível, algo essencial falta ao rico para entrar no Reino de Deus. E algo falta em nossa vida cristã quando somos capazes de viver desfrutando e possuindo mais do que o necessário, sem nos sentirmos interpelados pela mensagem de Jesus e pelas necessidades dos pobres. Os meios de comunicação inculcam-nos a mensagem de que quanto mais coisas possuímos, mais felizes nós somos. Neste Evangelho, ao contrário, encontramos a constatação oposta: aquele homem ficou com tudo o que possuía, mas se foi entristecido. Podemos perguntar-nos qual das duas mensagens nos oferece mais garantias de credibilidade.

DEIXAR RESSOAR A PALAVRA

Fala o jovem rico

Vânias, meu administrador, acaba de comunicar-me, com satisfação, que a última safra de vinho foi esplêndida, e que já dispomos de comerciantes de Antioquia dispostos a comprá-la por um preço mais alto do que esperávamos. Ao mesmo tempo, o negócio de peles, que herdei de meu pai, floresce cada dia mais, e todos me felicitam por isso e me recordam, com tom obsequioso, no qual adivinho certa adulação, as palavras da Escritura que tantas vezes ouvi de nossos sábios: "A fortuna do rico é sua fortaleza; e pensa que é alta muralha" (Pr 18,11). "É a bênção do Senhor que enriquece, e nada ajunta a fadiga" (Pr 10,22).

Estou consciente de que minha posição econômica provoca certa inveja e também estranheza diante de minhas frequentes crises de melancolia. "Todos te admiram por tua conduta irrepreensível; ademais, possuis todos os bens que um homem pode desejar", dizem-me, às vezes, os amigos, "mas mesmo assim, teu semblante é quase sempre sombrio e ausente...". O fato é que eles ignoram a causa do desgosto que se aninha em meu coração e que jamais confessei a ninguém.

Houve um momento, em minha juventude, em que vivi inquieto e em busca: como filho de fariseu, estava habituado, desde criança, à observância escrupulosa de nossa Lei, e nunca infringi, conscientemente, nenhuma de suas prescrições. No entanto, dentro de mim, ferviam a insatisfação e as perguntas: tinha ouvido falar tanto da bondade de nosso Deus que me parecia impossível que a única coisa que pediria de nós seria um aborrecido cumprimento de normas e leis. Sonhava com uma vida plena e livre, mas quando perguntava a algum *rabbi*, seus conselhos exortavam-me sempre a *fazer* algo mais por Deus e a esmerar-me em cumprir até o menor de seus mandamento, como agradecimento pelas abundantes riquezas com que havia abençoado nossa família.

Visto que a fama do *rabbi* Jesus se havia estendido por toda a Judeia, decidi recorrer a ele, buscando, uma vez mais, conselho e orientação. Disseram-me que estava saindo da cidade, ao que parece em direção a Jerusalém, e pus-me a correr até alcançar o grupo que com ele caminhava. Quando me viu chegar, deteve-se: pus-me de joelhos diante dele, como sinal de respeito e para mostrar-lhe meu desejo sincero de encontrar uma saída para minha incerteza. "Que devo fazer para conseguir a vida eterna?", perguntei-lhe, olhando-o nos olhos. E embora tenha sentido imediatamente que dele começava a fluir uma corrente de afeto, sua resposta me decepcionou porque era a mesma que já havia escutado de muitos outros:

— Conheces os mandamentos...

No entanto, algo me fez intuir que não era apenas isso o que ele queria dizer-me e, diante de minha insistência, fez-me uma proposta estranha:

— Uma só coisa te falta: vai, vende o que tens, dá aos pobres, e terás um tesouro nos céus. Depois, vem comigo.

Apoderou-se de mim o estupor e me senti como um corredor que, de repente, encontra-se à beira de um abismo. Ou, melhor, diante de uma encruzilhada na qual é convidado a deixar para trás todos os caminhos já frequentados, para adentrar num absolutamente novo e cheio de incógnitas: Mudar o *fazer* que todos me recomendavam pelo *des-fazer-me* de meus bens? Deixar para trás a segurança de minhas posses para empreender a aventura incerta de ir-me com alguém de quem se dizia que não tinha domicílio fixo? Atrever-me a crer em uma palavra que afirmava que a vida plena, feliz e transbordante que eu buscava estava mais no *deixar* do que no possuir? Admitir como verdadeira a afirmação daquele homem de que "me faltava algo", precisamente a mim, que tantas vezes recitara com fé: "O Senhor é meu pastor, nada me falta..."?

Estava-me pedindo para renunciar não somente a minhas posses materiais, mas também a tudo aquilo que até aquele momento constituía minha segurança e minha riqueza... Senti vertigens. Olhei o grupo de seus discípulos: era gente rude e simples, com roupas descuidadas e sandálias poeirentas... Lembrei-me da solidez de meu lar, das terras que sabia me caberiam como herança, e da reverência e do respeito que minha fortuna me outorgaria no futuro.

Tomei a decisão. Pus-me lentamente de pé, evitando olhá-lo, temeroso de que aquele afeto que sentira em seu olhar pudesse ser demasiado convincente, e me afastei devagar, consciente de que seus olhos continuavam fixos em mim e de que, talvez, esperasse que decidisse voltar.

Não o fiz e desde aquele momento não tem havido hora, nem dia, nem ano que não me tenha arrependido disso. Vivo sem carência de nada, mas me falta a alegria. Sou alguém respeitado e a quem as pessoas pedem conselhos, mas eu daria minha vida para ter-me feito discípulo daquele Mestre que me falou de outra sabedoria. O dinheiro, o saber e o poder converteram-se-me em amarras tão fortes que sufocaram meus sonhos e me fecharam dentro de barreiras que me impedem de caminhar livre de entraves.

E jamais me abandonaram a nostalgia e o arrependimento por não ter confiado na promessa de vida que me ofereceu aquele galileu itinerante que um dia cruzou meu caminho.

ENTRAR NA ORAÇÃO DE JESUS

"Quando vossa riqueza prospera, não ponhais nela vosso coração!" (Sl 62,11).

As palavras deste salmo vêm ao meu coração esta noite e acompanham minha tristeza depois de ter estado junto de alguém que tinha o coração entregue a essa fortuna e a quem não consegui fazer-se livre dela... Veio a mim com tanta urgência e tanto desejo de viver em plenitude que desde o primeiro momento me senti atraído por sua confiança e sua receptividade. Emocionei-me ao escutá-lo dizer que havia guardado todos os teus mandamentos desde a juventude, e me pareceu que havia chegado o momento de convidá-lo a ir mais além, de propor-lhe uma vida em minha companhia, libertado de todas as amarras, para correr o risco maravilhoso de partilhar com os pobres seus bens e colocar sua confiança somente em ti.

Contudo, quando eu pensava que minha proposta coincidia com o melhor de seus desejos, percebi que seu olhar se tornava opaco e receoso; deu meia volta e afastou-se lentamente, diria que quase contra a vontade, como se redes invisíveis o prendessem e uma mão mais forte o puxasse na direção oposta ao meu caminho. E hoje compreendi, mais uma vez, com tristeza, *Abbá*, que a posse de riquezas é teu verdadeiro rival, é o ídolo ao qual muitos preferem prestar adoração, em vez de descobrir-te a ti e ao teu Reino como sua verdadeira herança e seu bem maior. E fazer, assim, a experiência do orante que dizia: "Puseste em meu coração mais alegria do que quando seu trigo e seu vinho transbordam" (Sl 4,8).

Hoje, ponho em tuas mãos a vida prisioneira desse jovem, *Abbá*, com a esperança de que algum dia se decida a romper suas amarras e chegue a proclamar, como os meus discípulos, que tudo deixaram tão insensatamente e aceitaram percorrer, ao meu lado, este caminho de despojamento e de liberdade que é o meu:

> Bendito seja o Senhor!
> Não nos entregou como presas a seus dentes;
> fugimos vivos, como um pássaro da rede do caçador;
> a rede se rompeu e nós escapamos.
> O socorro nosso é o nome do Senhor,
> que fez o céu e a terra!
> (Sl 124,6-8)

ESCOLHER A VIDA

UM HOMEM POLÊMICO

LER O TEXTO

"Chegaram a Jerusalém. E entrando no templo, ele começou a expulsar os vendedores e os compradores que lá estavam: virou as mesas dos cambistas e as cadeiras dos que vendiam pombas, e não permitia que ninguém carregasse objetos através do templo. E ensinava-lhes dizendo:

— Não está escrito: "Minha casa será chamada casa de oração para todos os povos?" Vós, porém, fizestes dela um covil de ladrões!

Os chefes dos sacerdotes e os escribas ouviram isso e procuravam como o matariam; eles o temiam, pois toda a multidão estava maravilhada com o seu ensinamento. Ao entardecer, ele se dirigiu para fora da cidade" (Mc 11,15-19).

RELER A PARTIR DA MEMÓRIA DO CORAÇÃO

À luz do contexto bíblico...

O gesto da expulsão dos mercadores do templo evoca as ações simbólicas dos profetas, aqueles homens polêmicos que se atreveram a abrir brechas nas tradições que pareciam intocáveis em Israel, e questionaram, em seu tempo, normas, comportamentos, ideias e instituições inamovíveis: criticaram a conduta dos reis (Am 7,11; Os 8,4; Jr 22,15), compararam Israel a uma prostituta e a uma adúltera (Is 1,21; Os 2; Ez 16), a uma pomba atordoada (Os 6,11), ou a uma égua selvagem no cio (Jr 2,23), e predisseram para ele um futuro terrível de destruição e de desterro (Am 6,7; Is 6,12; Os 5,6-7...); de Sião, a inviolável, disseram que era uma cidade corrompida (Is 1,21), e anunciaram que o templo, centro vital do povo, converter-se-ia em um montão de ruínas (Mq 3,12; Jr 7,4); zombaram do culto dos santuários (Am 5,21-22; Is 1,10-15); minaram, desde as bases, os privilégios e o prestígio de governantes, sacerdotes, juízes e sábios, dando-lhes o título injurioso de "príncipes de Sodoma, povo de Gomorra" (Is 1,10).

Por isso foram rechaçados, caluniados, expulsos e perseguidos: apelidaram Elias de inimigo do povo (1Rs 21,20); a Oseias, chamaram-no de louco (9,7); Ezequiel seria poeta dos amorreus (33,32). Não fizeram caso de Isaías (7,12), expulsaram Amós de sua terra (7,12) e consideraram Jeremias um enganador e um traidor (37,13), fizeram pouco caso dele (20,9) e chegaram a condena-lo à morte (38,4).

... descobrir o texto...

O gesto de Jesus inscreve-se na dinâmica polêmica de muitas de suas palavras e atuações: chamou de assassinos aos que detinham a autoridade de seu povo (Mc 12,1-12) e disse-lhes que Deus lhes tirou o Reino (Mc 21,33-46); comparou seus dirigentes a moleques insensatos e inconscientes (Mt 11,16-19; Lc 7,31-35); disse-lhes que não passavam de "uma raça de víboras" e de pessoas ruins (Mt 12,34); chamou-os de "gente perversa e idólatra" (Mt 12,39); apontou-lhes constantemente a hipocrisia (Mt 6,1-6.16-18; 15,7; 23...); qualificou-os de "cegos e guias de cegos" (Mt 23,27), "sepulcros disfarçados"

(Lc 11,44), idólatras (Jo 8,41), insensatos cheios de roubos e maldades (Lc 11,39-41), incorrigíveis (Mt 19,8), aficionados de um culto inútil (Mt 15,8-9); assegurou que os publicanos e as prostitutas eram melhores do que os dirigentes (Mt 21,31-32) que faziam pouco da justiça e do amor a Deus (Lc 11,42); aos escribas, jogou-lhes na cara que constrangiam as pessoas com cargas insuportáveis, ao passo que eles mesmos não as tocavam sequer com um dedo (Lc 11,46), e denunciou que guardavam a chave do saber, enganando o povo (Lc 11,52); repreendeu-os por buscarem apenas honras e não levarem dentro de si o amor de Deus (Jo 5,41-44); disse-lhes que não conheciam a Deus (Jo 8,54-55) e os qualificou de ladrões e bandidos (Jo 10,8). Ridicularizou os fariseus e sua piedade (Lc 18,9-14), bem como expôs ao ridículo os sacerdotes e os levitas, que ficaram abaixo de um herege samaritano (Lc 10,30-47); desacreditou os letrados perante o povo, censurando-os por "devorarem as casas das viúvas e simularem fazer longas orações" (Lc 20,45-47); tampouco escaparam os fariseus, a quem acusou de não compreenderem as Escrituras (Mc 12,24). Publicamente, chamou a Herodes de "raposa" e ameaçou também os ricos, os saciados e os que riam (Lc 6,24-26).

Por tudo isso consideraram-no blasfemo (Mc 2,1-12), um louco (Mc 3,21) que tinha dentro de si um demônio (Mt 10,25) e que praticava magia (Mt 12,24); julgaram-no comilão, beberrão, amigo da gentalha (Mt 11,19), impostor (Mt 27,63), subversivo (Lc 23,2), herege (Jo 8,48) e falso profeta (Mt 27,62).

E, finalmente, como era de esperar, a reação deles foi a de pensar como poderiam matá-lo.[1]

---

[1] Cf. CASTILLO, J. M. Jesús, profeta de Israel. In: SICRE DÍAZ, J. L.; CASTILLO, J. M.; ESTRADA, J. A. *La Iglesia y los profetas*. Córdoba: Biblioteca de Autores Cristianos, 1989. pp. 89-92.

... como Palavra para hoje

O texto do enfrentamento de Jesus aos que convertiam a casa de seu Pai em um covil de bandidos questiona nossos silêncios e cumplicidades perante os atropelos desse "templo de Deus" que é cada ser humano. Convertidos em espectadores passivos, não nos atrevemos a questionar nem a oferecer resistência diante de tantos atentados contra a pessoa (sua dignidade, seus direitos, sua reputação...), os quais se nos apresentam como irremediáveis. Jesus não foi apenas o Pastor que cuidou de seus rebanho; defendeu-o também da ameaça do lobo com o risco da própria vida. O Cristianismo possui um componente de liberdade e de valentia para a denúncia (a primeira comunidade chamava-a de *parrésia*) que nos impulsiona para fora de toda indiferença ou covardia: "responsabilizar-se" por alguém significa sempre colocar-se do lado de Jesus. Somos chamados a agir assim no que se encontra perto, mas com o olhar no que se encontra longe, conscientes de onde nos situamos perante o fenômeno da globalização...

DEIXAR RESSOAR A PALAVRA

Fala Barnabé, um vizinho de Nazaré

Quando subi de Nazaré a Jerusalém para a festa de Páscoa, a cidade era um fervedouro de comentários e, em Betânia, na casa dos parentes onde eu estava me alojando, inteirei-me de muitas coisas incríveis acerca de Jesus, o filho do carpinteiro de meu povoado:

— Dizem que os fariseus tinham jurado vingar-se faz tempo, desde o dia em que, num sábado, ao atravessar uns campos, seus discípulos puseram-se a arrancar espigas e a comê-las; e o que vocês acham que Jesus respondeu quando o repreenderam? "Não lestes na lei que, no templo e no dia de sábado, os sacerdotes quebram o repouso sem incorrer em culpa? Pois eu vos asseguro que aqui está alguém maior do que o templo" (Mt 12,1-8). E, em seguida, citou as palavras do profeta Oseias: "Quero misericórdia, não sacrifícios" (6,6).

— Contudo, realizou gestos ainda mais ousados — diziam outros. Há alguns dias chegou ao átrio do templo, que estava, como sempre, cheio de vendedores de bois, de cordeiros e de pombas para os sacrifícios; fez um chicote com cordas e se pôs a derrubar as barracas e a revirar as mesas dos cambistas. "Tirai isso daqui!", dizia, "A casa de meu Pai é um lugar para rezar, e vós estais convertendo-a em um covil de ladrões!". O que acham desse gesto tão escandaloso e insólito?

Eu também contei algo que havia acontecido em Nazaré, já havia tempo, quando levantou tremenda polêmica na sinagoga. Eu não estava em Nazaré naquele dia, por isso quase não pude acreditar no que me contaram: parecia-me impossível que alguém insignificante como aquele homem, tão semelhante a qualquer um de nós, originário de um povoado perdido da Galileia e filho de um simples artesão conhecido de todos, tivesse se metido a pregador itinerante, e estivesse fazendo e dizendo coisas tão desconcertantes.

Rumores e controvérsias.

Os comensais continuavam falando sobre ele, como se não fossem capazes de centrar a conversa em outro assunto:

— Proclama umas bem-aventuranças estranhas, nas quais declara bem-aventurados os pobres, os famintos e os perseguidos, enquanto lamenta a sorte dos ricos, como se, ao colocar toda sua confiança em seus bens, estes os levassem irremediavelmente à perdição.

— Trata Deus com uma familiaridade que se converte em provocação. Entre nós, somente os filhos empregam o termo *Abbá* para chamar o pai; ele, porém, chama a Deus assim, e isso significa uma pretensão de intimidade que ninguém pode atribuir-se na relação com o Senhor.

Nicodemos, o fariseu que também ceava conosco, interveio com um tom muito diferente, que revelava uma secreta admiração por Jesus:

— Junto dele tem-se a sensação de que os tempos messiânicos estão chegando e que já não valem nem remendos nem reparos: os odres para acolher o vinho novo têm de ser, eles próprios, novos também; não vale a pena pôr-se a remendar um manto velho, porque agora há que se vestir com roupas de festa para as bodas do filho do rei. É agora que Deus vai conceder um coração novo e um espírito novo (Jr 31,31). Contudo, por outro lado, sua pregação não oculta que a porta de acesso ao Reino é estreita, e que muitos não conseguem encontrá-la, ou levam consigo demasiadas posses para poder passar por ela. Quando se encontra com aqueles que impedem o acesso aos demais, dir-se-ia que em suas palavras existe o mesmo eco do rugido do leão que fez Amós estremecer.

Alguns pensam que Jesus é um ressentido social, por isso ataca os ricos e defende os pobres; outros acreditam que se deixou influenciar pelos zelotes e quer sublevar o povo para que se levante contra os romanos; e alguns dizem até que esteve com os essênios e aprendeu com eles a atitude depreciativa em relação ao templo. E, certamente, vocês estão pensando que Jesus não faz mais do que seguir o caminho de denúncias que nossos profetas abriram. No entanto, existe algo nele que o torna diferente de todos: nessas terríveis diatribes que pronuncia, vocês não podem jamais encontrar sequer o mínimo ressentimento ou rastro de ódio ou de inimizade pessoal. Ao contrário, eu vos asseguraria, se algum de seus adversários reconhecesse seu pecado e desse sinais de querer mudar, ninguém ficaria mais feliz com isso do que o próprio Jesus. Ao contrário, tem-se a sensação de que ele não apenas não retrocede perante esse abismo, mas que vive nele com toda a naturalidade de uma criança nos braços de sua mãe. Para ele, a Palavra de Deus não é apenas fogo que arde em seus ossos, como acontecia com Jeremias (20,10), mas também água que lhe dá vida, e pão que o alimenta; ou é como o convite que o irmão mais velho recebeu de seu pai para comunicar aos mais jovens que ele os espera em sua casa com um banquete de festa preparado para eles.

Às vezes, fala a esse respeito como se ardesse de impaciência para acelerar o momento, e gostaria que a sala desse banquete estivesse finalmente cheia até transbordar; muitas outras vezes, porém, deixa transparecer uma espera paciente, como a de quem plantou uma semente e sabe que precisa esperar até que cresça e amadureça.

Conhecedor do sofrimento.

A noite já estava adiantada quando se foram, e eu fiquei com o ânimo sombrio e um estranho aperto no peito. De manhã, alguém trouxe a Betânia a notícia de que, na véspera, haviam prendido Jesus e o haviam levado à casa do sumo sacerdote Caifás. O *sinédrio*, que se havia reunido, às pressas, havia-o condenado por blasfêmia e o havia levado ao palácio de Pilatos, onde o estavam julgando.

Saí apressadamente rumo a Jerusalém, juntamente com meu primo, e quando chegamos à casa do governador, por volta do meio-dia, deparamo-nos com um tropel de gente gritando, empurrando-se e montando nos que se encontravam mais próximos, a fim de ver o que estava acontecendo. Assomamos nós também e, nesse momento, vimos Jesus: jamais o teria reconhecido se não tivesse sabido que era ele realmente e, mais tarde, cada vez que tentei recordar ou descobrir sua imagem naquele momento, não pude fazê-lo senão empregando as palavras de Isaías:

> Ele não tinha beleza nem esplendor
> que pudesse atrair o nosso olhar,
> nem formosura capaz de deleitar-nos.
> Era desprezado e abandonado pelos seres humanos,
> homem sujeito à dor, familiarizado com o sofrimento,
> como pessoa de quem todos escondem o rosto;
> desprezado, não fazíamos caso nenhum dele.
> E no entanto, eram nossos sofrimentos que ele levava sobre si,
> nossas dores ele carregava.
> Mas nós o tínhamos como vítima do castigo,
> ferido por Deus e humilhado.
> Mas ele foi trespassado por causa das nossas transgressões,
> esmagado por causa das nossas iniquidades. […]
> Foi maltratado, mas livremente humilhou-se e não abriu a boca,
> como cordeiro conduzido ao matadouro,
> como ovelha que permanece muda na presença dos tosquiadores
> ele não abriu a boca…
> (Is 53,2-5.8)

Nós também cobrimos o rosto, incapazes de continuar contemplando aquela cena estarrecedora e de acompanhá-lo até o lugar da crucifixão. Voltamos a toda a pressa para Betânia, a fim de que o começo do sábado não nos surpreendesse pelo caminho, e chegamos justamente a tempo de sentar-nos à mesa e celebrar, em família, a ceia pascal. Foi um ceia de alegria forçada: "Este é o pão de aflição que nossos antepassados comeram no país do Egito. Quem tiver fome, venha e coma. Todo necessitado venha e celebre a Páscoa. Este ano somos servos, no próximo anos, seremos livres. [...] Cabe-nos agradecer, louvar, engrandecer, glorificar, exaltar, bendizer, enaltecer e elogiar a quem realizou todos esses milagres por nossos pais e por nós. Arrancou-nos à escravidão para a liberdade; da angústia para a alegria; da dor para a festa; das trevas para a grande luz; da opressão para a redenção. Por isso cantemos diante dele um cântico novo: Alelulia!".

Naquela noite, não suspeitava ainda que, com o tempo, o *Aleluia* que meus lábios pronunciavam tinha a ver com a ressurreição do homem que acabara de ver arrastado pelas ruas de Jerusalém, carregando uma cruz sobre os ombros.

ENTRAR NA ORAÇÃO DE JESUS

Aproxima-te de Jesus num daqueles momentos em que ele se retirava ao monte para rezar depois de alguma das fortes polêmicas com os fariseus. Talvez em algum desses momentos, quando já sentia que em torno de si se estreitava o cerco da conspiração e da morte, brotava de seu coração e de seus lábios este salmo:

Ouve, Iahweh, a causa justa,
atende ao meu clamor;
dá ouvido à minha súplica,
que não sai de lábios mentirosos.
Que minha sentença provenha de tua face,
teus olhos vejam onde está a retidão.
Podes sondar-me o coração, visitar-me pela noite,
provar-me com fogo:
murmuração nenhuma achas em mim;
minha boca não transgrediu
como costumam agir os homens.

Eu observei a palavra dos teus lábios,
no caminho prescrito mantendo os meus passos;
meus pés não tropeçaram nas tuas pegadas.
Eu clamo a ti, pois tu me respondes, ó Deus!
Inclina a mim teu ouvido, ouve a minha palavra,
demonstra o teu amor, tu que salvas
dos agressores quem se refugia à tua direita.
Guarda-me como a pupila dos olhos,
esconde-me à sombra de tuas asas,
longe dos ímpios que me oprimem
dos inimigos mortais que me cercam.
Eles envolvem seu coração com gordura,
a boca deles fala com arrogância.
Caminham contra mim e agora me cercam,
fixando seus olhos para jogar-me por terra.
Parecem um leão, ávido por devorar,
um filho de leão, agachado em seu covil.
Levanta-te, Iahweh! Enfrenta-os! Derruba-os!
Que tua espada me liberte do ímpio,
e tua mão, ó Iahweh, dos mortais,
dos mortais que, em vida,
já têm sua parte deste mundo!
Enche-lhes o ventre com o que tens em reserva:
seus filhos ficarão saciados
e deixarão o que sobrar para seus pequeninos.
Quanto a mim, com justiça eu verei tua face;
ao despertar, eu me saciarei com tua imagem.

ESCOLHER A VIDA

UNGIDO PARA A VIDA[1]

LER O TEXTO

"Em Betânia, quando Jesus estava à mesa em casa de Simão, o leproso, aproximou-se dele uma mulher, trazendo um frasco de alabastro cheio de perfume de nardo puro, caríssimo, e, quebrando o frasco, derramou-o sobre a cabeça dele. Alguns dentre os presentes indignavam-se entre si:

— Para que esse desperdício de perfume? Esse perfume poderia ser vendido por mais de trezentos denários e distribuído aos pobres — e se puseram a repreendê-la.

Mas Jesus disse:

— Deixai-a. Por que a aborreceis? Ela praticou uma boa ação para comigo. Na verdade, sempre tereis os pobres convosco e, quando quiserdes, podeis fazer-lhes o bem, mas a mim nem sempre tereis. Ela fez o que podia: antecipou-se a ungir o meu corpo para a sepultura. Em verdade vos digo que onde quer que venha a ser proclamado o Evangelho, em todo o mundo, também o que ela fez será contado em sua memória" (Mc 14,3-9).

---

[1] O título, bem como algumas reflexões deste capítulo, corresponde ao livro de Mercedes Navarro, *Ungido para la vida* (Estella: Verbo Divino, 1999).

RELER A PARTIR DA MEMÓRIA DO CORAÇÃO

À luz do contexto bíblico...

No AT, a unção consagra e confere ao ungido a força para viver uma nova condição:

> Iahweh falou a Moisés, dizendo: "Quanto a ti, procura bálsamo de primeira qualidade: mirra em grão, cinamomo, cana aromática, cássia e azeite de oliva. Com tudo isso farás um óleo para a unção sagrada, um perfume aromático, trabalho de perfumista. Será o óleo para a unção sagrada. Com ele ungirás a Tenda da Reunião e a arca do Testemunho [...]. Ungirás também Aarão e a seus filhos e os consagrarás para que exerçam o sacerdócio em minha honra. E falarás aos israelitas, dizendo: ' Isto será para vós e para vossas gerações um óleo de unção sagrada'".
> (Ex 30,22-26.31)

A unção descreve também a ação vivificadora de Deus: "Tu me dás o vigor de um touro e espalhas óleo novo sobre mim" (Sl 92,11)."Unges minha cabeça com óleo, e minha taça transborda" (Sl 23,5).

Do Messias diz-se: "Eis por que Deus, o teu Deus, te ungiu com o óleo da alegria... mirra e aloés perfumam tuas vestes" (Sl 45,8-9). E o perfume derramado é uma imagem da felicidade da união fraterna:

> Vede: como é bom, como é agradável
> habitar todos juntos, como irmãos.
> É como o óleo fino sobre a cabeça,
> descendo pela barba,
> a barba de Aarão, descendo
> sobre a gola de suas vestes.
> (Sl 133,1-2)

Assim descreve Ezequiel a ação de Deus com Israel: "Passei junto de ti e te vi. Era o teu tempo, tempo de amores, e estendi a aba da minha capa sobre ti e ocultei a tua nudez; comprometi-me contigo por juramento e fiz aliança contigo e te tornaste minha. Banhei-te com água, lavei o teu sangue e te ungi com óleo" (Ez 16,8-9).

A unção é um sinal de consagração de profetas (1Rs 19,16) e de reis: quando Davi chegou à presença de Samuel, o Senhor disse-lhe: "'Levanta-te e unge-o: é ele!' Samuel apanhou o vaso de azeite e ungiu-o na presença de seus irmãos. O espírito de Iahweh precipitou-se sobre Davi a partir desse dia e também depois" (1Sm 16,12-13).

Três mulheres do AT aparecem como destinatárias de uma unção de perfume; Noemi aconselha Rute para o encontro com Boaz: "Lava-te, pois, e perfuma-te, põe teu manto e desce à eira" (Rt 3,3); também Ester (2,12) e Judite (16,7) perfumam-se para encontrarem-se com Assuero e Holofernes, respectivamente. Nos três casos, em função de uma relação prevista, na qual está em jogo algo importante para elas e para suas famílias ou para o povo judeu.

Igualmente a noiva do Cântico dos Cânticos alude ao perfume: "Enquanto o rei está em seu divã, o meu nardo difunde seu perfume" (1,12). E o noivo dela dirá: "És jardim fechado, minha irmã, noiva minha, és jardim fechado, uma fonte lacrada. Teus brotos são pomar de romãs com frutos preciosos: nardo e açafrão, canela, cinamomo e árvores todas de incenso, mirra e aloés, e os mais finos perfumes" (4,12-14).

Mais adiante, o dom do Espírito já não estará em relação com a monarquia, e será o Servo que proclamará: "O Espírito do Senhor Iahweh está sobre mim, porque o Senhor me ungiu; enviou-me a anunciar a Boa-Nova aos pobres" (Is 61,1-2).

Após a prova do exílio, a comunidade de Israel, que recuperou sua comunhão com o Senhor, está marcada por uma unção de alegria: "A fim de dar-lhes um diadema em lugar de cinza e óleo de alegria em lugar de luto, veste festiva em lugar de espírito abatido. [...] Vós sereis chamados sacerdotes do Senhor" (Is 61,3-6).

Contudo, em Jesus é que se cumprirá tudo o que encerrava a promessa de unção: "Jesus de Nazaré... como Deus o ungiu com o Espírito Santo e com poder..." (At 10,37).

Nós, cristãos, participamos dessa unção através do batismo: "Aquele que nos fortalece convosco em Cristo e nos dá a unção é Deus, o qual nos marcou com um selo e colocou em nosso coração o penhor do Espírito" (2Cor 1,21).

... *descobrir o texto...*

A atuação sanativa de Jesus inaugura-se, em Marcos, com a cura da sogra de Pedro (1,29-31), e em sua última aparição pública, antes da Paixão, dá-se a unção efetuada por uma mulher na casa de Simão, o leproso (Mc 14,3-11).

A personagem da mulher aparece situada estrategicamente entre dois dados acerca do conluio para matar Jesus:

> A Páscoa e os ázimos seriam dois dias depois, e os chefes dos sacerdotes e os escribas procuravam como prender Jesus por meio de um ardil para matá-lo, pois diziam: "Não durante a festa, para não haver tumulto entre o povo!". [...] Judas Iscariotes, um dos Doze, foi aos chefes dos sacerdotes para entregá-lo a eles. Ao ouvi-lo, alegraram-se e prometeram dar-lhe dinheiro. E ele procurava uma oportunidade para entregá-lo.
> (Mc 14,1-2.10-11)

Aqueles dos quais se poderia esperar mais fidelidade (os chefes religiosos e um dos discípulos de Jesus) estão tramando sua perdição, ao passo que uma mulher anônima vai envolvê-lo em um perfume de festa.

No centro da trama, junto a um Jesus acossado pelos laços da morte, ela aparece situada claramente em seu favor. A cena passa-se em Betânia e não em Jerusalém; o cenário é a casa de Simão, o leproso, cujo nome se associa imediatamente ao âmbito do impuro e do distanciado da santidade. Estamos diante de uma alternativa ao mundo do sagrado, tal como acontecia no encontro com a mulher com o hemorragia (impura por causa de sua enfermidade) e da siro-fenícia (impura por sua condição de pagã).

O anonimato da mulher permite ao leitor identificar-se com ela, e seu gesto inscreve-se dentro do que se espera de um verdadeiro discípulo:

- Em meio à cegueira dos que rodeiam Jesus, ela soube reconhecer o momento decisivo que se aproximava e obedeceu a seu mandato de permanecer vigilante (Mc 13,33).

- Ela não vem pedir nada, mas oferecer gratuitamente, obedecendo à palavra de Jesus: "Com a medida com que medis será medido para vós" (Mc 4,24).

- Jesus dirá: "Ide por todo o mundo, proclamai o Evangelho a toda a humanidade" (Mc 16,15). Ela antecipou-se a esse mandato.

- Jesus havia perguntado: "Quem dizem os seres humanos que eu sou?" (Mc 8,27). Ela dá sua resposta sem pronunciar uma palavra, e com sua unção proclama-o rei e messias.

- Seu gesto de esbanjamento e de esvaziamento colocou-a no caminho dessa perda que, segundo Jesus, conduz ao ganho (Mc 8,35).

- Ao contrário do jovem rico (Mc 10,21), ela parece ter concentrado todo o seu possuir no perfume de alto preço, e deu-o ao Pobre por excelência, aquele que só possui umas poucas horas de vida.

- Como discípula do Filho do Homem que não veio para ser servido mas para servir (Mc 10,45), ela toma o caminho do serviço e, com seu gesto de derramar o perfume, está-se antecipando ao de Jesus em sua última ceia: "Isto é meu sangue, que é derramado em favor e muitos" (Mc 14,24), e cumprindo o primeiro mandamento de amar acima de todas as coisas (Mc 12,29).

- Assim como a viúva pobre, que, para Jesus, havia dado "tudo o que tinha" (Mc 12,44), ela fez, de acordo com Jesus, "o que podia".

- Seguindo a recomendação de Jesus "não vos preocupeis com a vossa defesa" (Mc 13,11), deixa que seja o próprio Jesus a tomar o partido dela perante as críticas dos comensais.

Seu gesto e sua lembrança continuam na memória da comunidade cristã, juntamente com todos aqueles homens e mulheres que tomaram, em um momento de sua vida, a decisão do seguimento.[2]

---

[2] Cf. BARTON, S. C. Mark as narrative. *Expository Times* 102 (1991) 231-233.

... *como Palavra para hoje*

O relato da unção coloca uma opção: viver uma vida regida pela "lógica do cálculo" (o plano da eficácia, a medida, a racionalidade...) ou pela "lógica da gratuidade" (ou seja, o esplendor, o amor generoso...). E revela-nos também que não existem duas maneiras de servir aos demais: a uns (como a Jesus), com perfume; a outros (os pobres), com dinheiro. Porque Jesus está indissoluvelmente vinculado aos necessitados deste mundo; ele é, sempre, como neste texto, "representante dos pobres".

Podemos visualizar nossa vida como um frasco cheio de perfume, que nos foi entregue gratuitamente por Deus para que lhe respondamos com nosso agradecimento e alegria, e para que muitos outros possam participar dele. E tornar-nos conscientes da tentação que sentimos, às vezes, de reter e de guardar tudo isso para nós mesmos, de nosso temor de perder aquilo que consideramos valioso: tempo, qualidades, recursos..., assim como dessa tendência de medir e de calcular, que nos incapacita para entender os gestos de quem entrega tudo por amor.

Jesus aparece em todo o Evangelho como "Senhor do descomedimento", da abundância, da perda e da entrega, e segui-lo supõe participar dessa sua maneira de ser e entrar em sua lógica.

DEIXAR RESSOAR A PALAVRA

Fala Simão, o leproso (Mc 14,3-9)

O barulho seco de um frasco batido contra o solo a fim de quebrar-lhe o gargalo rompeu também o silêncio tenso que se havia apoderado dos que participavam de minha ceia. Até o momento em que a mulher entrou como uma tromba d'água no meio da sala (ainda me pergunto como é que meus criados não a impediram...), reinava entre nós um ambiente, se não festivo, ao menos cortês e aprazível. Contrariando a opinião de meus amigos, pertencentes, como eu, ao círculo dos fariseus, havia decidido convidar Jesus à minha casa, mesmo consciente de que a polêmica que o rodeava e que havia crescido desde sua chegada a Jerusalém para a festa, aconselhava muito mais a tomar distância de sua pessoa. Contudo, desde que o conheci, não tinha podido libertar-me da estranha influência, um misto de atração e temor, que exercia sobre mim.

Naquela noite, notei-o cansado, mais silencioso do que de costume, e com uma expressão talvez de decepção em seu olhar. Claro que, levando em conta o grupo de amigos que o acompanhavam, não estranhei demasiado.

Agora, a atenção de todos voltava-se para a mulher que havia entrado, de surpresa, e estava derramando um perfume intenso, de nardo, sobre a cabeça de Jesus. Minha familiaridade com as Escrituras fez-me reconhecer no ato o alcance do gesto: "Ela o está ungindo como a um rei, como o faziam os profetas", pensei, com assombro. A reação dos outros comensais, mais ao rés do chão, concentrou-se no aspecto econômico, claramente escandaloso, do desperdício do perfume, e escutei-os murmurar, com raiva contida, críticas escandalizadas por um esbanjamento que, mais bem aplicado, teria dado de comer a muitos pobres.

"O custo do perfume é o de menos", pensei, "o mais grave é que uma mulher desconhecida se atreva a realizar um gesto reservado aos profetas, e que reconheça a Jesus como rei." Mesmo assim, daquilo que conhecia dele e de seu repúdio ante qualquer atribuição messiânica, supus que iria repreender a mulher por sua pretensão. Dediquei-me a observá-lo, enquanto entre seus discípulos e o resto dos convidados continuava o murmúrio de críticas; percebi, com surpresa, que seu rosto, antes sombrio e preocupado, agora estava iluminado por uma profunda emoção que irradiava de seu interior. Pôs-se de pé, colocando-se diante dela, como se quisesse protegê-la do cerco de hostilidade que a rodeava, e falou com uma autoridade e uma força que jamais esquecerei:

— Deixai-a! — ordenou com voz cortante — ela realizou uma boa obra comigo ao antecipar-se em ungir-me para minha sepultura.

Sepultura? A palavra fez-me estremecer, ao mesmo tempo que me revelava qual era a interpretação que Jesus estava fazendo daquela unção: para ele, estava sendo uma unção simbólica que lhe anunciava sua morte iminente, e avisava-o de que seu fim estava próximo. Talvez tenha visto naquilo uma imagem do que havia sido sua vida inteira: um esbanjamento, uma perda, um gastar-se gratuitamente, sem nenhum cálculo. E, no entanto, na emoção de suas palavras, pareceu-me perceber uma confiança inquebrantável no poder de gestos como o da mulher, como os de sua própria vida. E uma convicção absoluta de que, neles, escondia-se uma força secreta, capaz de atravessar os séculos e converter-se, para todos aqueles que quisessem acolhê-lo, na Boa-Nova de ser amados com um amor sem limites.

Já se passaram muitos anos desde então e, através de um longo caminho de busca, essa Boa-Nova chegou até mim. Agora sou mais um no grupo dos que vamos aprendendo do Mestre a entregar gratuitamente a vida, dia a dia, como ele mesmo o fez. E, conforme prometeu, a memória do que aquela mulher fez continua viva entre nós, como se a fragrância do perfume que ela derramou naquela noite continuasse impregnando nossas vidas.

193

ENTRAR NA ORAÇÃO DE JESUS

Tentemos adentrar nos sentimentos de Jesus às vésperas de sua Paixão através desta oração que poderia ser sua, depois da unção da mulher na casa de Simão, o leproso:

Aproxima-se minha hora, *Abbá,* como o momento de um parto e, como uma mulher quando lhe chega sua hora, sinto-me angustiado até que se cumpra.

Contudo, foste tu que, esta noite, em casa de Simão, o leproso, fizeste-me compreender o que queres de minha vida naquele momento. Estávamos reclinados à mesa quando entrou subitamente uma mulher, trazendo um frasco de perfume: quebrou-o com um golpe seco e derramou o perfume sobre minha cabeça. O ambiente festivo em que transcorria a cena rompeu-se tal qual o frasco e se transformou em tensa indignação. No âmbito fechado da sala, havia irrompido uma rajada de liberdade, desestabilizando e alarmando os que pretendem saber sempre o que é o ortodoxo, o certo, o adequado. Era preciso sufocar e reduzir aquela ameaça, catalogá-la como insensata e deitar sobre ela a rede dos caçadores, tecida com os fios envolventes da utilidade e do dinheiro: "que desperdício", "que esbanjamento", "que desbarato", "que afronta aos pobres".

Senti, como em tantas outras ocasiões, o vento do Espírito a pôr-me de pé, e estendi minha mão para romper a trama com que estavam asfixiando uma filha tua, e levá-la a um espaço aberto. Não tinha nenhuma arma senão minhas palavras, e fi-las estalar com força, como quando, no templo, com um chicote de cordas, virei as mesas dos mercadores. Resgatei seu gesto, tão exagerado, tão transbordante e desmesurado, tão parecido com teu jeito de amar, e dei-lhe de presente o juramento solene de que, onde quer que se anuncie a Boa-Nova, ela será uma profecia viva, uma cidade edificada sobre o monte, para a qual todos olharão a fim de aprender com seu gesto, nascido da gratuidade do amor.

Enquanto isso, a fragrância de seu perfume invadia a casa e tudo impregnava. E, naquele momento, ao olhar o frasco feito em mil pedaços sobre o solo, compreendi a parábola silenciosa que tu me narras esta noite: naquele frasco vazio e quebrado está toda a minha existência, convocada ao esvaziamento e à morte.

Todavia junto dele está também tua promessa: esse perfume derramado e livre que vais entregar em mim, quando chegar a minha hora, e que vai converter-se, para tua glória, na vida e na alegria do mundo.

ESCOLHER A VIDA

UM ORANTE NA NOITE

LER O TEXTO

"E foram a um lugar cujo nome é Getsêmani. E ele disse a seus discípulos:

— Sentai-vos aqui enquanto vou orar.

E levando consigo Pedro, Tiago e João, começou a apavorar-se e a angustiar-se. E disse-lhes:

— A minha alma está triste até a morte. Permanecei aqui e vigiai.

E, indo um pouco adiante, caiu por terra, e orava para que, se possível, passasse dele a hora. E dizia:

— *Abbá!* Ó Pai! Tudo é possível para ti: afasta de mim este cálice; porém, seja feito não o que eu quero, mas o que tudo queres.

Ao voltar, encontra-os dormindo e diz a Pedro:

— Simão, estás dormindo? Não foste capaz de vigiar por uma hora? Vigiai e orai para que não entreis em tentação: pois o espírito está pronto, mas a carne é fraca.

E afastando-se de novo, orava dizendo a mesma coisa. Ao voltar, de novo encontrou-os dormindo, pois os seus olhos estavam pesados de sono. E não sabiam o que dizer-lhe. E vindo pela terceira vez, disse-lhes:

— Dormi agora e repousai. Basta! A hora chegou! Eis que o Filho do Homem está sendo entregue às mãos dos pecadores. Levantai-vos! Vamos! Eis que o meu traidor está chegando!" (Mc 14,32-42).

RELER A PARTIR DA MEMÓRIA DO CORAÇÃO

À luz do contexto bíblico...

Toda a Bíblia, desde Agar e seu filho gritando no deserto (Gn 21,16), está infestada de vozes que pedem auxílio, de prantos de desespero, de queixas que exigem explicação e consolo. Alguns protagonistas dessas histórias (a minoria) sofrem silenciosamente a investida da dor; muitos outros, porém, exigem de Deus um confronto cara a cara, uma resposta que explique o sofrimento ou o fracasso deles: a linguagem da oração é audaciosa e se atreve a fazer as perguntas mais profundas da existência humana. Muitas vezes, tudo acaba num puro clamor, ou também num mudo suspiro da criatura. Essa linguagem não conhece barreiras porque a Deus se pode dizer tudo: "Até quando, Senhor, pedirei socorro, e não ouvirás, gritarei a ti: 'Violência!' e não me salvarás? Por que me fazes ver a iniquidade e contemplas a opressão? Rapina e violência estão diante de mim" (Hc 1,1-2).

> Por que a minha dor é contínua,
> e minha ferida é incurável e se recusa a ser tratada?
> Tu és para mim como lago enganador,
> águas nas quais não se pode confiar!
> (Jr 15,18)

> Meu Deus, meu Deus, por que me abandonaste?
> As palavras do meu rugir estão longe de me salvar!
> (Sl 22,2)

Vou dizer a Deus, meu rochedo:
por que me esqueces?
(Sl 42,10)

O Senhor vai rejeitar para sempre?
Nunca mais será favorável?
Seu amor esgotou-se para sempre?
Terminou a Palavra para gerações de gerações?
Deus esqueceu-se de ter piedade
ou fechou as entranhas com ira?
(Sl 77,8-10)

Desperta! Por que dormes, Senhor [...]
Por que escondes tua face,
esquecendo nossa opressão e miséria?
(Sl 44,24)

O desajuste entre o tempo de Deus e o tempo humano é uma constante na oração bíblica, que se acentua quando o orante se encontra submergido na dor, na perseguição ou na angústia:

Senhor, eu te chamo, socorre-me depressa!
(Sl 141,1)

Vem socorrer-me depressa,
ó Senhor, minha salvação!
(Sl 38,23)
Quanto a mim, sou pobre e indigente:
ó Deus, vem depressa!
Tu és meu auxílio e salvação:
Senhor, não demores!
(Sl 70,6)

Outro tipo de protesto diante do sofrimento é "pesá-lo e medi-lo", e concluir, perante Deus, que sua quantia é excessiva para ser suportada: "Agora basta, Senhor! Retira-me a vida, pois não sou melhor que meus pais!" (1Rs 19,4). Uma tradução mais literal — "É demasiado, Senhor!" — expressaria a percepção humana habitual diante do sofrimento, considerado sempre exagerado e desproporcional em relação às próprias forças.

No entanto, para além de tudo isso, o AT nos oferece o testemunho de como a fé dos crentes é capaz de atravessar o mistério do sofrimento: Jeremias, depois de suas queixas e desafios perante Deus e, a partir da mais violenta de suas confissões (cf. 20,7ss), entra em uma etapa muito mais silenciosa, na qual sua fidelidade a seu Deus, até o fim, converter-se-á em sua última palavra. Israel invoca a seu Deus com nomes portadores de uma profunda convicção: aconteça o que acontecer, Deus é "digno de confiança". É *Emanuel*, afirma Isaías, um "Deus-conosco" (Is 7,14). E o último livro do AT invoca-o com um título que expressa a certeza em que o Deus de Israel, diante dos ídolos de morte, é um Deus "Amigo da vida" (Sb 11,26). Quando Jesus, no Getsêmani, invoca-o como *Abbá*, está apoiado por esse credo de seu povo.

... *descobrir o texto*...

Percorramos as diferentes sequências da narrativa:

1) Chegada ao Getsêmani após a ceia. Os discípulos associados à sua oração são os mesmos da transfiguração e, tal como naquela ocasião foram incapazes de assimilar a manifestação da glória de Jesus, agora tampouco saberão acompanhá-lo no extremo despojamento. Estão totalmente desorientados e são incapazes de participar do acontecimento.

2) O evangelista revela-nos os sentimentos que oprimem Jesus: "triste até a morte". Não é que a tristeza possa

levá-lo à morte, mas sim que perdeu toda a esperança humana de escapar e somente a morte porá fim à sua tristeza.

3) Jesus começa a orar, e sua oração não é uma meditação, nem uma entrada no recolhimento ou no silêncio: começa com a invocação *Abbá!*, mediante a qual sai de si, dirige-se ao Outro que tem nome. Não se trata de uma visão ou de um êxtase, mas do sentimento de certeza da presença e da atenção de seu Pai.

4) Jesus dirige-se aos discípulos adormecidos e volta a orar.

5) Ao acabar a oração, parece que não obteve resposta, mas o vemos de pé, indo ao encontro dos que vinham para detê-lo.

... como Palavra para hoje

Somos convidados a entrar na experiência de Jesus, feita de agradecimento, confiança e abandono, e a tomar parte em sua certeza de que tudo o que chega a nossa vida vem das mãos de um Pai amoroso. A oração em tempos difíceis será sempre um encontro entre duas liberdades: a de um Deus sempre maior do que nossas ideias ou pensamentos sobre ele, e a nossa, ainda que experimentemos dolorosamente nossa impotência. Orar como Jesus supõe sair da oração fiando-nos, sem reservas, na ajuda do Pai, a quem tudo é possível, e que nos ama.

Aprender com a oração de Jesus supõe entrar em uma "família" nova, que se caracteriza pelo conhecimento e pela prática da vontade de Deus que Jesus revela aos que escutam sua palavra. Supõe deixar de organizar a vida em função dos próprios interesses, para buscar a força naquele que, na situação extrema na qual estava em jogo toda a sua existência humana, dirigiu-se absoluta e inteiramente a Deus, e entregou-se a ele com uma confiança sem reservas.

DEIXAR RESSOAR A PALAVRA

Fala um dos 72 enviados por Jesus

Desde pequeno me ensinaram a orar de acordo com a tradição de meu povo. Muito cedo comecei a acompanhar meu pai à sinagoga; ele era fariseu convicto, que sempre pôs todo o seu empenho em iniciar-me na fé na qual concentrava toda a sua vida. Creio que aprendi a falar recitando o *Shemah*, a oração mais sagrada para um judeu. Pouco depois, meu pai começou a ensinar-me pacientemente o *Shemoné Ezre*, ou as 18 Bênçãos, que pronunciávamos três vezes ao dia, de pé: "Bendito sejas, Senhor, Deus do Universo, porque...", e líamos uma série de motivos de bênção que prendia nossa atenção. Eu me dava conta de quanto agradava a meu pai escutar-me repeti-las com minha voz de criança, quando me levava, aos sábados, à sinagoga. À saída, todos o felicitavam pela esmerada educação religiosa que estava dando a seu único filho varão. Quando atingi a maioridade, segui cumprindo escrupulosamente meus deveres de orante, tal como me havia sido inculcado e, na hora de escolher minha mulher, tive o cuidado de que minha opção recaísse sobre uma moça com a qual pudesse levar uma vida regrada e religiosa.

Seria longo demais contar como e por que ambos fomos arrastados pelo torvelinho levantado por Jesus em sua passagem por Cafarnaum, a cidade onde vivíamos, e nenhum de nós dois jamais soube explicar por que decidimos ir com ele. Muitas coisas dentre as que dizia chocavam-nos, não conseguíamos encaixá-las dentro dos ensinamentos que havíamos recebido desde sempre; causava-nos estranheza a familiaridade com que se referia ao Altíssimo, e provocava-nos certo escândalo sua liberdade na hora de rezar e seu pouco respeito pelas fórmulas fixadas havia muito tempo. Em certa ocasião, quando André lhe pediu: "Mestre, ensina-nos a orar, como João o fez com seus discípulos", esperávamos que nos incentivaria a pronunciar com mais respeito e atenção nossas orações de sempre, mas nos surpreendeu uma vez mais ao propor-nos: "Quando orardes, dizei: Pai, santificado seja teu nome, venha teu Reino, dá-nos hoje o pão de cada dia, perdoa-nos nossas ofensas, assim como também perdoamos aos que nos ofendem..."

Desconcertou-nos aquela oração tão breve e tão confiante, tão despojada de complicação e tão diferente das longas invocações que ritmavam nossa oração de judeus; no fundo, porém, pareceu a alguns de nós a mais adequada para expressar nossa fé. No entanto, a atração que sentíamos pela pessoa de Jesus era tão grande que findamos por ficar com ele e aceitamos a louca aventura de ir, junto com os outros, anunciar aquele Reino com o qual havia conseguido seduzir-nos.

Disse-nos:

— Ide, eu vos envio como cordeiros em meio a lobos. Não leveis alforje nem sandálias...

Olhei para o grupo dos que ele enviava: não havia apenas pessoas de certa cultura, como nós; a maioria eram homens e mulheres de procedência duvidosa: camponeses pobres, gente sem domicílio fixo, algum publicano arrependido... Entretanto, todos ficamos admirados com a inesperada acolhida que fomos encontrando nas pessoas: tínhamos a sensação de que a notícia que lhes anunciávamos da parte de Jesus era precisamente o que estavam esperando escutar, e todas as portas se abriram.

Ao cabo de uma semana, voltamos para junto de Jesus e nos pusemos a contar-lhe atropeladamente a experiência daqueles dias. Cortávamos a palavra um ao outro, e eu me atrevi a dizer-lhe: "Em teu nome, até os demônios se submetiam!". Pôs-se a rir e continuou a fazer-nos perguntas, compartilhando nosso entusiasmo. De repente, percebemos que sua expressão se tornava mais grave, como se a alegria agora lhe brotasse de uma fonte mais profunda, de um lugar secreto de sua pessoa, ao qual não tínhamos acesso. "Bendigo-te, Pai", ouvimo-lo dizer, "porque ocultaste estas coisas aos sábios e entendidos, mas as revelaste aos simples! Bendito sejas por escolheres assim, Pai..."

Falava com Deus não como com alguém distante e habitante de uma longínqua esfera celestial, mas com a naturalidade familiar dos filhos que dialogam intimamente com sua mãe ou com seu pai. Não havia aberto nenhum livro, não havia recorrido a nenhuma oração preestabelecida: com simplicidade, havia deixado que seu louvor e sua alegria brotassem diretamente de seu coração e se convertessem em um manancial de júbilo.

Foi então que minha esposa e eu soubemos que era assim que queríamos aprender a orar, que era com essa tranquila confiança que desejávamos dirigir-nos a Deus, com aquela sua maneira de converter em oração cada encontro, cada acontecimento, cada dor, cada esperança.

Naquela noite, procuramos ficar um momento a sós com ele e lhe confiamos o desejo mais profundo que nos habitava: "Mestre, ensina-nos a orar...". Percebemos quanto o alegrava nosso pedido, e respondeu: "Esta madrugada, vinde comigo ao monte".

Por mais que vivamos, jamais poderemos contar o que vivemos naquele amanhecer junto a Jesus. Só podemos dizer que, a partir daquele momento, quando nos pomos a rezar, sabemos que a única coisa a fazer é deixar-nos olhar e rodear pela ternura acolhedora de Deus, e consentir que, do mais profundo de nosso ser, brote a invocação que o Mestre nos ensinou a sussurrar: *Abbá*, Pai!...

ENTRAR NA ORAÇÃO DE JESUS

> O que nós vimos e conhecemos,
> o que nos contaram nossos pais,
> não o esconderemos a seus filhos;
> nós o contaremos à geração seguinte:
> os louvores do Senhor e seu poder,
> e as maravilhas que realizou;
> ele firmou um testemunho em Jacó
> e colocou uma lei em Israel,
> ordenando a nossos pais
> que os transmitissem aos seus filhos,
> para que a geração seguinte os conhecesse,
> os filhos que iriam nascer:
> que se levantem e os contem a seus filhos,
> para que ponham em Deus sua confiança,
> não se esqueçam dos feitos de Deus
> e observem seus mandamentos.
> (Sl 78,3-6)

Aprendi com minha mãe como dirigir-me a ti, *Abbá*. Desde criança ela me contava as histórias de nosso povo, e ao apresentar-me cada personagem sempre me mostrava como cada um deles orava.

— Percebes como nosso pai Abraão vivia sempre na presença de Deus e lhe dizia a cada momento: "Aqui estou?". Também seu servo Eleazar pôs-se a rezar junto ao poço, a fim de pedir a Deus a capacidade de reconhecer a mulher que ele havia destinado como esposa para Isaac; e quando Rebeca, a eleita, apareceu, prostrou-se adorando o Senhor que o havia conduzido até ela... (Gn 24).

Jacó, em Betel, descobriu que o Senhor estava sempre a seu lado em qualquer lugar, mesmo que ele não o soubesse (Gn 28,16) e, mais tarde, atreveu-se a lutar com ele até que conseguiu ser abençoado com um novo nome (Gn 28,16). Moisés falava com o Senhor como um amigo fala com seu amigo e, após encontrar-se com ele, seu rosto ficava radiante de alegria... (Ex 34,30). Devemos a Davi nossos cantos mais bonitos e, graças à intercessão dos profetas, o Senhor enchia-se de compaixão diante dos pecados de Israel...

Também as mulheres de nosso povo falavam com o Senhor: Sara, cheia de alegria porque ia ter um filho (Gn 21,3), e Rebeca, angustiada porque os dois filhos que esperava se agitavam em seu ventre (Gn 25,23); Ana, derramando seu coração diante do Senhor e pedindo-lhe que a livrasse da vergonha da esterilidade (1Sm 1,15), entoando, a seguir, um hino de agradecimento (1Sm 2,1-10); Miriam, irmã de Moisés, cantando com seu tamborzinho às margens do mar (Ex 15,21); Débora e Judite, proclamando as grandes coisas que o Senhor havia realizado através de sua pequenez e debilidade... (Jz 5; Jt 16).

Algumas vezes uni também meu cântico ao deles; outras vezes, porém, quando não compreendo muitas das coisas que o Senhor faz comigo, nem vejo com clareza como se realizarão suas promessas, repasso os acontecimentos em segredo no meu coração e guardo aí suas palavras, enquanto sussurro: "Eis aqui a tua serva, faça-se conforme teu querer..."

Tive uma boa mestra, *Abbá*, e quero dar-te graças por ela. Por isso, quando, há poucos dias, uma mulher exclamou:

205

"Felizes as entranhas que te trouxeram e os seios que te amamentaram" (Lc 11,27-28), eu lhe respondi: "Sabes quem é mais ditoso? Aquele que, tal como minha mãe, acolhe a Palavra de Deus e a guarda em seu coração…".

ESCOLHER A VIDA

O JOGO DO PERDE-GANHA

LER O TEXTO

"Jesus partiu com seus discípulos para os povoados de Cesareia de Filipe e, no caminho, perguntou a seus discípulos:

— Quem dizem os homens que eu sou?

Responderam-lhe:

— João Batista; outros, Elias; outros ainda, um dos profetas.

— E vós, quem dizeis que eu sou?

Pedro respondeu:

— Tu és o Cristo.

Então, proibiu-os severamente de falar a alguém a seu respeito. E começou a ensinar-lhes:

— Este Homem deve sofrer muito, ser rejeitado pelos anciãos, pelos chefes dos sacerdotes e pelos escribas, ser morto e, depois de três dias, ressuscitar.

Dizia isso abertamente. Pedro, chamando-o de lado, começou a recriminá-lo. Ele, porém, voltando-se e vendo seus discípulos, recriminou a Pedro, dizendo:

— Coloca-te atrás de mim, Satanás, porque não pensas as coisas de Deus, mas as dos seres humanos!

Chamando a multidão, juntamente com seus discípulos, disse-lhes:

— Se alguém quiser vir após mim, negue-se a si mesmo, tome a sua cruz e siga-me. Pois aquele que quiser salvar a sua vida, irá perdê-la; mas o que perder a sua vida por causa de mim e do Evangelho, irá salvá-la. Com efeito, que adianta ao ser humano ganhar o mundo inteiro e arruinar a sua vida? Pois o que daria o ser humano em troca da sua vida? De fato, aquele que, nesta geração adúltera e pecadora, se envergonhar de mim e de minhas palavras, também o Filho do Homem se envergonhará dele quando vier na glória de seu Pai com os santos anjos" (Mc 8,27-38).

RELER A PARTIR DA MEMÓRIA DO CORAÇÃO

À luz do contexto bíblico...

O anúncio de Jesus de sua Paixão, juntamente com seu chamado a tomar a cruz, e a sentença sobre o perder ou ganhar a vida, ecoam o quarto canto do Servo de Iahweh (Is 52,13-53,12). Esta personagem misteriosa havia aparecido em três cânticos anteriores do livro de Isaías (Is 42,1-9; 49,1-13; 50,4-9), como alguém que vive uma qualidade particular de relação com Deus e com o povo. Deve levar a cabo o que Deus lhe confia: proclamação alegre de uma Boa-Notícia, palavras de alento ao abatido, reunião dos dispersos de Jacó, irradiação de uma justiça mais vivida em sua pessoa do que anunciada. Nisso compromete suas palavras, suas atitudes e suas ações: essa será sua maneira de conseguir reagrupar o povo do Senhor e de chegar a ser luz das nações.

No quarto cântico, a situação muda: se nos outros três o Servo é alguém ativo, que tem como missão "trazer o direito às nações" (42,1); "fazer justiça lealmente, sem desanimar nem esmorecer, até implantar na terra o direito" (42,4); "abrir os olhos dos cegos, tirar da prisão o preso, e do cárcere os que vivem nas trevas" (42,7); agora o Servo já não fala, nem proclama, nem consola, nem anuncia, nem anima: a missão que lhe fora confiada, ele a realiza "suportando", "aguentando", "carregando", "traspassado e triturado"... À palavra daquele que não quebrava a cana rachada, nem apagava o pavio vacilante, sucedeu-se o silêncio total. "O que agrada ao Senhor" cumpre-se, porém, não tanto *por ele* como *nele* mesmo. Já não age; apenas padece as ações de outros.

Agora o texto começa com palavras do próprio Deus, anunciando a exaltação de uma personagem desfigurada, que vai causar assombro e estupefação: a partir de 53,1, até o versículo 6, um "nós" coral, que vai descrevendo primeiro os aspectos mais exteriores do Servo, passando, a seguir, a uma reflexão mais profunda sobre o significado de seu sofrimento: eles mesmos estão implicados na dor do Servo. "Desprezado e abandonado pelos seres humanos, um homem sujeito à dor, familiarizado com a enfermidade [...]. E no entanto, eram as nossas enfermidades que ele levava sobre si, as nossas dores que ele carregava [...], por suas feridas fomos curados".

A partir do versículo 7 e até o versículo 10, desapareceu o "grupo-nós", e o desconhecido que ora fala que não vai fixar-se no benefício produzido, mas nas atitudes do Servo, em sua maneira de vivenciar internamente os acontecimentos: "Foi maltratado, mas livremente humilhou-se e não abriu a boca, como um cordeiro conduzido ao matadouro; como uma ovelha conduzida muda na presença dos seus tosquiadores, ele não abriu a boca [...]. Arrancaram-no da terra dos vivos, foi ferido pela transgressão do meu povo [...], se bem que não tivesse praticado violência nem tivesse havido engano em sua boca"

Nos últimos versículos (11-12), é o Senhor quem toma de novo a palavra pra decifrar a existência de seu Servo:

"Meu Servo justificará a muitos [...] visto que entregou a sua alma à morte e foi contado com os transgressores, mas na verdade levou sobre si o pecado de muitos e pelos transgressores fez intercessão".

No texto aparecem dois planos ou níveis na relação com o Servo quanto à sua condição de "homem das dores": um deles é o da *aparência*, que provoca repulsão e rechaço; o de sua carência de beleza e de aspecto humano, que é motivo de espanto e de distanciamento. A consequência de vê-lo tão esmagado pela dor é julgá-lo de modo severo, que nada mais faz que seguir a doutrina tradicional: trata-se de alguém ferido por Deus e, portanto, castigado. Pode ser desprezado e evitado. É o protótipo de quem perdeu tudo.

Contudo, ao longo do discurso, produz-se a descida ao nível da *realidade*, que se ocultava sob as aparências: o que ele carrega são "nossos sofrimentos"; o que ele suporta são nossas dores; o castigo que caiu sobre ele, cabia a nós; são nossos pecados que pesam sobre ele.

Produziu-se um desvelamento, e a repulsa deu lugar à atração; a desfiguração se converteu em transfiguração. Confessa-se algo insólito e heterodoxo, que rompe com a teologia imperante: apesar de seu quebrantamento, Deus estava do seu lado, e isso quer dizer algo tão revolucionário como o fato de a fidelidade e a eleição de Deus não se romperem com o sofrimento, e que a bênção não implica necessariamente uma vida feliz. O Servo chegou ao ganho através do caminho da perda.

... descobrir o texto...

O texto tem três partes: a confissão messiânica de Pedro (vv. 27-30); o primeiro anúncio da Paixão e da ressurreição, seguidos da incompreensão e da crítica a Pedro (vv. 31-33); o chamado ao seguimento, juntamente com a sentença sapiencial sobre o *perder/ganhar* (vv. 34-38).

Na primeira, Pedro responde à pergunta de Jesus reconhecendo-o como Messias, mas no Evangelho de Marcos esse é um título ambíguo ao que os adversários de Jesus dão um significado nacional e político (cf. Mc 15,32.18.26). Jesus responde impondo silêncio aos discípulos, e anuncia a maneira concreta pela qual vai realizar seu messianismo; os verbos possuem significado passivo: *sofrer, ser rejeitado, ser morto* por mãos do Sinédrio, composto por *anciãos, sumos sacerdotes e escribas.*

Jesus reage com virulência à repreensão de Pedro: chama-o de *Satanás*, ou seja, tentador, censura-lhe a maneira "mundana" de pensar e ordena-lhe colocar-se atrás (esta seria a melhor tradução do termo *opiso*, como uma recordação a Pedro de que seu lugar, em relação com seu Mestre, não é o de adiantar-se e ensinar-lhe os caminhos que deve percorrer, mas colocar-se atrás dele e segui-lo).

Na terceira parte, o auditório se amplia; agora são as *pessoas* e os discípulos, e a primeira frase no condicional — "Se alguém quiser vir após mim..." — situa o seguimento ao alcance de todo aquele que deseja abraçá-lo, mas com a condição de *negar-se a si mesmo*; o verbo, impossível de suavizar, é o mesmo que aparece nas negações de Pedro (Mc 14,68.70.72).

Imaginemos o assombro dos interlocutores de Jesus, o gesto de rejeição deles diante de semelhante exigência. Por isso, e como se tivesse escutado este vagalhão de protestos, recorre a uma máxima sapiencial: "Pois aquele que quiser salvar a sua vida irá perdê-la; mas o que perder a sua vida por causa de mim e do Evangelho, irá salvá-la...". O conteúdo do verbo "salvar", de acordo com o dicionário, é: *conservar são e salvo, colocar-se ao abrigo de um perigo, preservar-se, escapar, guardar a casa ou a fortuna, manter os próprios bens em boa situação, reservar...*

O surpreendente e escandaloso é que, para Jesus, essa busca de vida a salvo desemboca completamente no contrário do que se pretendia: em "perder", ou seja: *malograr, frustrar, dissipar, desbaratar, extraviar, sofrer uma perda, ser arrancado de, morrer...* Em contrapartida, aquele que "perde sua vida" (e aceita, portanto, ser despossuído dela), esse "salvá-la-á".

Este dito de Jesus, presente nos três sinóticos (Mt 16,13-28; Lc 9,22-27), aparece também no Evangelho de João, depois da sentença sobre o grão de trigo que, se morre, dá muito fruto: "Quem ama sua vida, a perde e quem odeia a sua vida neste mundo, guardá-la-á para a vida eterna" (Jo 12,25). O Apocalipse oferece-nos uma chave para compreender em que consiste esse *amar/odiar* quando, falando dos justos que derrotaram com o sangue do Cordeiro aquele que os acusava dia e noite, diz que eles "não amaram tanto sua vida a ponto de temer a morte" ("desprezaram a própria vida até a morte": Ap 12,11).

... como Palavra para hoje

Se a vida cristã está configurada pelo seguimento de Jesus, quer dizer que toda ela está afetada por esse dinamismo de *perda/ganho*, e todos somos chamados a entrar num jogo que deveria converter-se em um sinal característico de identidade cristã, algo que a faz diferente de outras opções de vida. Cristãos seriam aqueles homens e aquelas mulheres que, como resposta a um chamado, "desejam" *pensar e sentir* como o próprio Deus e, por causa de Jesus e de seu Evangelho, e pela *alegria* de tê-lo encontrado, estão dispostos a entrar no jogo do *perde/ganha*.

212

Não é fácil aceitar que o *negar-se a si mesmo* seja uma condição inevitável do seguimento, sua condição de verificação, a única à qual se outorga capacidade de autenticar o desejo inicial, e o que se pede ao "candidato a discípulo", é que se decida a isso. Para "justificá-lo", Jesus recorre a uma espécie de sabedoria proverbial, mas se trata de uma sabedoria absolutamente nova, que não oferece outra garantia senão um "por causa de mim e do Evangelho", que converte sua pessoa na referência última e definitiva. Apela para o termo *ganho* mas, como num jogo de despropósitos, *perda e ganho* intercambiaram-se os papéis, e é preciso entendê-los ao contrário, sem mais apoio nem garantia do que a própria palavra de Jesus e seu modo peculiar e seletivo de interpretar a vida.

DEIXAR RESSOAR A PALAVRA

Fala um membro da comunidade de Roma

A notícia do martírio de Pedro havia-nos deixado consternados. Não fazia muito tempo que Silvano nos havia enviado uma cópia da carta que Pedro, de Roma, havia dirigido aos cristãos da província da Ásia. Infundia-lhes ânimo nos momentos de perseguição que lhes cabiam viver:

"Amados, não vos alarmeis com o incêndio que lavra entre vós, para a vossa provação, como se algo de estranho vos estivesse acontecendo; antes, na medida em que participais dos sofrimentos de Cristo, alegrai-vos, para que também na revelação da sua glória possais ter uma alegria transbordante. Bem-aventurados sois, se sofreis injúrias por causa do nome de Cristo, porque o Espírito de glória, o Espírito de Deus repousa sobre vós" (1Pd 4,12-15).

Reler, mais uma vez, aquelas palavras, sabendo que quem as havia escrito tinha seguido nosso Mestre até dar a vida, deixava-nos surpresos e silenciosos.

Pedimos a Marcos que nos contasse a respeito de Pedro: ele o conhecia bem, porque o havia acompanhado em sua viagem a Roma, e havia recebido suas confidências; estávamos conscientes de que muitas das coisas que ele nos contava acerca de Jesus, tinha-as aprendido dos lábios do próprio Pedro. Por isso seu Evangelho não dissimulava nenhum de seus defeitos, falhas ou equívocos, e sua figura aparecia cheia de contradições: por um lado, era evidente seu amor por Jesus e a predileção que este sentia por ele, mas também eram evidentes suas intervenções desacertadas, que o faziam merecer, com frequência, fortes palavras de recriminação da parte do Mestre.

A mais severa de todas, de acordo com Marcos, foi a do dia em que Jesus havia anunciado a seus discípulos a rejeição de que seria objeto: estava a preparsá-los a fim de que fossem capazes de reconhecer seu rosto na dor, e chegassem a compreender que seu mistério se revela nas trevas do sofrimento. Aquilo foi demais para Pedro, algo que derrotava seus sonhos de um Messias poderoso e triunfador; levou Jesus à parte a fim de "fazê-lo refletir". Jesus, porém, reagiu com uma dureza particular: "Coloca-te atrás de mim, Satanás, porque não pensas as coisas de Deus, mas as dos seres humanos". Ato contínuo, chamou os outros e começou a instruí-los acerca do que ele entendia por "pensar as coisas de Deus" ou "pensar as coisas dos seres humanos": "Se alguém quiser vir após mim, negue-se a si mesmo, tome a sua cruz e siga-me...".

Aquilo parecia um jogo de despropósitos: *perda e ganho* haviam trocado de papéis, e era preciso entendê-los ao contrário, sem nenhum apoio nem garantia senão a própria palavra de Jesus e seu modo particular de interpretar a vida.

Lembrava Pedro:

— Propunha-nos um estranho e perigoso jogo: romper com qualquer busca cobiçosa e obsessiva por ganhar, possuir, conservar e, em lugar disso, arriscar-nos por um caminho inverso de perda, desprendimento e entrega. Tínhamos de estar dispostos a romper com nossas ideias e a pôr em questão quase tudo o que nos dava segurança. Jesus não parecia ignorar o desejo mais profundo que se escondia em nosso coração: o de viver, conservar e colocar a salvo o tesouro da própria vida. Contudo, parecia também estar consciente de quão equivocados podem ser os caminhos para consegui-lo, por isso atrevia-se a propor-nos o seu. Era como se nos dissesse: "Ao que vier comigo, levá-lo-ei ao *ganho* pelo estranho caminho da *perda*: este é meu o caminho e não conheço outro. A única condição que imponho ao que quiser seguir-me é que esteja disposto a confiar em mim e em minha própria maneira de salvar-lhe a vida; que seja capaz de confiá-la a mim, como eu a confio àquele de quem a recebo. Sua vida será sempre sem garantia e sem provas, na renovada admiração da confiança: por isso, não posso dar mais motivos do que o 'por causa de mim'".

Não fomos capazes de entendê-lo até depois de sua morte, e somente a partir da ressurreição começamos a compreender algo daquele jogo de *perde/ganha*. Nós o tínhamos visto "jogar", dia após dia, durante todo o tempo que passamos a seu lado, mas quando se estreitou o círculo em torno dele, demo-nos conta de até que ponto estava disposto a arriscar. Vivia consciente do perigo que corria e rodeava-o a ideia de uma morte violenta: era suficientemente realista para ter consciência das consequências do que fazia e dizia, e da hostilidade com que o espreitavam.

Não desejava a morte, nem a buscava, mas também nada fez para evitá-la e, apesar de nossos protestos, comunicou-nos que decidira subir a Jerusalém. Depois de sua entrada triunfal na cidade, as coisas pioraram, e quando nos reunimos para a ceia da véspera da Páscoa soubemos que aquela comensalidade seria a última: "Em verdade vos digo, já não beberei do fruto da videira até aquele dia em que beberei o vinho novo no Reino de Deus" (Mc 14,25). Estava a anunciar-nos que seu final estava próximo e, juntamente com ele, sua inalterável certeza de que nem sequer a morte poderia impedir a chegada do Reino de Deus. Oferecia-nos participar do cálice de seu destino e, naquele momento, jurei-lhe que o seguiria até dar minha vida. Não sabia que faltavam poucas horas para negar que o conhecia.

Quando chegou a hora, todos fugimos, e ele percorreu sozinho o caminho, abandonado por todos. Não fui capaz de estar a seu lado, e pude apenas chorar amargamente depois de tê-lo traído. Fiquei sabendo, através dos rumores que percorriam a cidade, como foi perdendo tudo, como consentiu, em silêncio, que lhe arrebatassem tudo, até quedar-se como o homem mais despojado e empobrecido da terra. Quando o prenderam no horto, eu mesmo presenciei como o privavam de sua liberdade e, do pátio do palácio de Caifás, escutei as risadas dos que comentavam, ao redor do fogo, que no julgamento do sinédrio tinham silenciado, a bofetadas, o que ele mais amava proclamar: que era o Filho amado do Pai. Aquela noite que passou no calabouço, enquanto nós estávamos escondidos, foi a mais longa que jamais vivi: ao amanhecer, soubemos que o estavam levando a Pilatos, despojado de todo direito de defesa. A seguir, disseram-nos que estava passando pelas ruas da cidade, vestido com a túnica branca dos loucos, e que Herodes o havia devolvido a Pilatos.

O grupo de mulheres que foram capazes de segui-lo quando voltou a atravessar Jerusalém, carregando a cruz, mais tarde nos contou que, ao chegar ao outeiro fora da muralha, restava-lhe somente o manto, do qual o despojaram antes de crucificá-lo.

João, Tiago e eu, que o havíamos acompanhado naquele dia luminoso do Tabor, perguntamos, depois, com ansiedade, se algo no rosto do Crucificado, transfigurado agora como o Servo sofredor, havia deixado entrever que se sentia, como naquela ocasião, envolto naquele "sim" do seu Pai que o havia abrigado durante toda a sua missão: "Este é meu Filho amado, em quem me comprazo". Contudo, os que foram testemunhas de sua morte disseram-nos que até a presença de Deus, naquele momento, parecia uma ausência. No entanto, Jesus, o mais desolado dos desolados e oprimidos da terra, respondeu àquele silêncio doloroso com uma inquebrantável fidelidade. Morreu abandonado, mas não desesperado, e, arriscando em seu jogo até o fim, atreveu-se a pôr sua vida confiantemente nas mãos de seu Pai.

Tudo perdera. Tudo, menos seu incompreensível amor e o inamovível enraizamento de sua confiança no Pai. E esse foi o seu ganho.

Quando Marcos terminou de evocar as lembranças de Pedro, leu este fragmento de uma carta de Pedro:

"Irmãos: se, fazendo o bem, sois pacientes no sofrimento, isto sim constitui uma ação louvável diante de Deus. Com efeito, para isto é que fostes chamados, pois que também Cristo sofreu por vós, deixando-vos um exemplo, a fim de que sigais os seus passos. Ele não cometeu nenhum pecado; mentira nenhuma foi achada em sua boca. Quando injuriado, não revidava; ao sofrer, não ameaçava, antes, punha a sua causa nas mãos daquele que julga com justiça. Sobre o madeiro, levou os nossos pecados em seu próprio corpo, a fim de que, mortos para os pecados, vivês-

semos para a justiça. Por suas feridas fostes curados, pois estáveis desgarrados como ovelhas, mas agora retornastes ao Pastor e Supervisor das vossas almas."
(1Pd 2,20-25)

ENTRAR NA ORAÇÃO DE JESUS

Mateus põe na boca de Jesus, na cruz, o começo do Salmo 22: "Meu Deus, meu Deus, por que me abandonaste?", mas também o Salmo 31 pode expressar seus sentimentos na hora da prova. Podemos lê-lo traduzindo as situações de *perda* que descreve, como manifesta o *ganho* e qual sua fonte. E também unir-nos à súplica de Jesus e aos gemidos de tanta gente submersa no sofrimento:

Senhor, eu me abrigo em ti:
que eu nunca fique envergonhado!
Salva-me por tua justiça! Liberta-me!
Inclina depressa teu ouvido para mim.
Sê para mim um forte rochedo,
uma casa fortificada que me salve;
pois meu rochedo e muralha és tu:
guia-me por teu nome, conduze-me!
Tira-me da rede estendida contra mim,
pois tu és a minha força;
em tuas mãos eu entrego meu espírito,
és tu que me resgatas, Senhor.
Deus verdadeiro, tu detestas
os que veneram ídolos vazios;
quanto a mim, eu confio no Senhor:
que eu exulte e me alegre com teu amor!
Pois viste minha miséria,

conheceste minha opressão;
não me entregaste à mão do inimigo,
firmaste meus pés em lugar espaçoso.
Tem piedade de mim, Senhor,
pois estou oprimido: […]
para meus vizinhos sou um asco,
e terror para meus amigos.
Os que me veem na rua
fogem para longe de mim […].
Quanto a mim, Senhor, eu confio em ti,
e digo: Tu és o meu Deus!
Meus tempos estão em tua mão: liberta-me
da mão dos meus inimigos e perseguidores!
Faze brilhar tua face sobre o teu servo,
salva-me por teu amor!

ESCOLHER A VIDA

UM TÚMULO NOVO

LER O TEXTO

"Chegada a tarde, veio um homem rico de Arimateia, chamado José, o qual também se tornara discípulo de Jesus. E dirigindo-se a Pilatos, pediu-lhe o corpo de Jesus. Então Pilatos mandou que lhe fosse entregue. José, tomando o corpo, envolveu-o num lençol limpo e o pôs em seu túmulo novo, que talhara na rocha. Em seguida, rolando uma grande pedra para a entrada do túmulo, retirou-se. Maria Madalena e a outra Maria estavam ali sentadas diante do sepulcro" (Mt 27,57-61).

RELER A PARTIR DA MEMÓRIA DO CORAÇÃO

À luz do contexto bíblico...

A primeira vez que o AT alude a uma cerimônia de sepultamento é na morte de Sara:

> Sara morreu em Cariat Arbe (que é Hebron), na terra de Canaã. Abraão veio cumprir o luto por Sara e chorá-la [...] e falou assim aos filhos de Het: "No meio de vós sou um estrangeiro e um residente. Concedei-me uma posse funerária, entre vós, para que leve meu morto e o enterre".
> (Gn 23,2-4)

Segue-se um relato detalhado da negociação entre Abraão e Efron, o hitita, até chegarem a um acordo quanto ao preço do terreno; finalmente, conclui-se o trato de compra:

> Abraão deu seu consentimento a Efron. Abraão pesou para Efron o dinheiro de que falara, diante dos filhos de Het: quatrocentos siclos de prata corrente entre os mercadores. Assim, o campo de Efron, que está em Macpela, defronte de Mambré, o campo e a gruta que ali está, e todas as árvores que estão no campo, em seu limite, passaram a ser propriedade de Abraão, diante dos filhos de Het, de todos os que entravam pela porta de sua cidade. Em seguida, Abraão enterrou Sara na gruta do campo de Macpela, defronte de Mambré (que é Hebron, na terra de Canaã. Foi assim que o campo e a gruta que ali está foram adquiridos por Abraão dos filhos de Het, como posse funerária.
>
> (Gn 23,2-20)

A narrativa tem uma solenidade intencional: possuir, finalmente, aquele exíguo espaço de terreno, significava o começo do cumprimento do que o Senhor havia prometido. Da tumba de Macpela parte o arco que irá percorrer toda a história patriarcal, o êxodo e a entrada na terra, as promessas proféticas, o desterro e o retorno. Uma das instruções de Jacó, antes de morrer, será esta:

> Quando eu me reunir aos meus, enterrai-me junto de meus pais, na gruta que está no campo de Efron, o heteu, na gruta do campo de Macpela, diante de Mambré, na terra de Canaã, que Abraão comprara de Efron, o heteu, como posse funerária. Lá foram enterrados Abraão e sua mulher Sara, lá foram enterrados Isaac e sua mulher Rebeca, lá eu enterrei Lia.
>
> (Gn 49,29-32)

O desejo de José, no Egito, é receber sepultura nesse mesmo lugar (Gn 50,25).

A crença numa vida após a morte só aparece tardiamente, e o que se pensa é que, quando alguém morre, a "alma" que dá vida a uma pessoa vaga como uma sombra no espaço subterrâneo do *sheol*, onde "não existe obra, nem reflexão, nem conhecimento, nem sabedoria" (Ecl 9,10). É um lugar de silêncio, de esquecimento e de perdição; lugar de trevas sem sofrimento nem alegria. Não há retribuição fora dessa vida. Esse mundo dos mortos é considerado como um lugar distante de Iahweh: "Pois na morte ninguém se lembra de ti" (Sl 6,6). O emudecimento do louvor caracteriza a esfera da morte, visto que, com ela, terminava a participação do indivíduo no culto, e os mortos ficavam excluídos da louvação. Se o lugar do culto é sinal da presença da fonte da vida, o *sheol* representa a esfera da não vida. A morte é um poder inimigo com múltiplas faces: sempre que se produz uma diminuição da vida em forma de debilidade, enfermidade etc., as garras do *sheol* começam a apoderar-se da pessoa e a destruição de sua relação vital com Iahweh é considerada o cúmulo do horror.

Mais tarde aparece a ideia de que Iahweh pode subtrair seus fiéis ao domínio da morte: "Não deixarás que teu fiel veja a cova" (Sl 16,8); "Mas Deus resgatará a minha vida das garras do Abismo, e me tomará" (Sl 49,16); "Quanto a mim, estou sempre contigo... estar junto de Deus é o meu bem!" (Sl 73,23.28), proclamam alguns orantes, intuindo uma vitória de Iahweh para além das fronteiras da morte. Outro salmista confessa agradecido: "Iahweh, tiraste minha vida do *sheol*, tu me reavivaste dentre os que baixam à cova" (Sl 30,4). Alguém que se viu alcançado pelas forças da morte agradece pela intervenção divina que o libertou daquilo que ameaçava sua existência.

Jó ansiava por um encontro com Deus além dos limites de sua existência terrena:

Oxalá me abrigasses no mundo dos mortos
e lá me escondesses até se aplacar tua ira,
e me fixasses um dia para te lembrares de mim:
pois, se alguém morrer, poderá viver?
Nos dias de minha pena eu espero,
até que chegue o meu alívio.
Tu me chamarias e eu responderia;
desejarias rever a obra de tuas mãos,
— enquanto agora contas todos os meus passos —
e não vigiarias mais meu pecado,
selarias em uma urna meus delitos
e lacrarias minha iniquidade.
(Jó 14,13-17)

Jó deseja descer ao *sheol* como um parêntese em seu sofrimento. Sua esperança funda-se no poder salvador da lembrança divina: o amor criador de Deus tem sua lógica interna e, mais cedo ou mais tarde, sentirá saudades da obra de suas mãos, fará cessar sua cólera e, lembrando-se do ser humano, fá-lo-á viver. Fiel à sua criação, far-se-á redentor e, a partir desse mesmo instante, o pecado não o fará retroceder (14,16-17).

Contudo, será na boca de Ezequiel que a promessa ressoará com maior intensidade:

Eis que vou abrir os vossos túmulos e vos farei subir dos vossos túmulos, ó meu povo, e vos reconduzirei para a terra de Israel. Então sabereis que eu sou Iahweh, quando eu abrir os vossos túmulos e vos fizer subir de dentro deles, ó meu povo. Porei o meu espírito dentro de vós e haveis de reviver...
(37,12-14)

... descobrir o texto...

O protagonista ativo de todo o texto é o homem de Arimateia, acerca de quem Marcos informa que era *rico* e se chamava *José*. Ele é quem realiza todas as ações: *veio, dirigiu-se, pediu, tomou, envolveu, pôs, rolou, retirou-se*. Cada uma delas supõe um risco para ele, e estão apoiadas em sua condição de *discípulo de Jesus*. Durante a vida deste, José não havia aparecido ligado a ele, mas agora sai da sombra, convocado pelo destino final de Jesus, e realiza uma obra importante: o último serviço a um supliciado, cedendo-lhe seu próprio sepulcro.

Precisa apressar-se a cumprir a norma estabelecida pelo Deuteronômio: é véspera do sábado e "se um ser humano, culpado de crime que merece a pena de morte, é morto e suspenso a uma árvore, seu cadáver não poderá permanecer na árvore à noite; tu o sepultarás no mesmo dia, pois o que for suspenso é um maldito de Deus. Desse modo não tornarás impuro o solo que Iahweh teu Deus te dará como herança" (Dt 21,22-23).

José não reaparecerá nos relatos da ressurreição, e aqui o vemos personificando a convicção de que a morte, mais uma vez, saiu vitoriosa: o cadáver de Jesus jaz envolto em um lençol, símbolo da mortalidade e, ao rolar a laje, José está enterrando sua própria esperança e a dos discípulos.

O corpo de Jesus, objeto passivo que recebe todas as ações, é o centro silencioso de todo o relato e nele se concentra o olhar de quem o lê ou escuta.

Outras personagens, *Maria Madalena e a outra Maria, sentadas diante do sepulcro,* são os portadores da memória do Crucificado. Moisés não pôde contemplar a glória divina e se colocou perto de Deus, não diante dele (Ex 33,18). Agora, as mulheres contemplam a glória divina no amor doado até a morte.

... *como Palavra para hoje*

Há um momento para tudo
e um tempo para todo propósito debaixo do céu.
Tempo de nascer, e tempo de morrer;
tempo de plantar, e templo de arrancar a planta [...]
tempo de gemer e tempo de bailar [...]
tempo de abraçar, e tempo de se separar.
(Ecl 3,1-2.4b.5b)

Dir-se-ia que José de Arimateia e as mulheres sentadas junto à tumba de Jesus estão vivendo esta sentença do Eclesiastes: para José, é tempo de falar; para elas, de calar; para José, de realizar os ritos de sepultamento; para elas, tempo de permanecer quietas e sentadas como testemunhas agora silenciosas do crucificado, morto e sepultado. Todavia, chegará também, para elas, o tempo de tomar a palavra para anunciar o Ressuscitado.

Assim como esses protagonistas da cena da sepultura de Jesus, também nós nos vemos implicados na realidade da morte e, perante ela, não podemos fazer mais do que os singelos gestos de despedida, das lágrimas, da companhia e do silêncio. Contudo, tal como eles, encontramo-nos também *ao cair da tarde* da véspera da Páscoa definitiva e nossos olhos contemplam o lado aberto do Crucificado, de onde mana a água da Vida.

E isso nos faz capazes de permanecer junto às tumbas de nosso mundo, sabendo que a morte não tem a última palavra.

DEIXAR RESSOAR A PALAVRA

Fala Rute, a mulher de José de Arimateia

Quando José chegou, à véspera do sábado, e comunicou-me com satisfação que, naquela mesma tarde, havia concluído o contrato de compra do terreno, não pude dissimular meu desgosto. Discordei desde o momento em que me falou do projeto de adquirir uma propriedade fora das muralhas, e me pediu que o acompanhasse para visitá-lo. Não porque não pudéssemos permitir-nos tal despesa, mas porque achei que estava demasiado perto do promontório rochoso de uma pedreira abandonada, justamente o lugar onde aconteciam as execuções dos condenados à crucifixão.

Nasci em Jerusalém, provenho de uma família farisaica muito estrita, e a simples proximidade de um cadáver, ainda que seja de longe, inspira-me um enorme temor de cair na impureza.

Meu esposo nasceu em Arimateia, um povoado da Judeia e, posto que seja fariseu, simpatiza com correntes rabínicas mais abertas e tolerantes, e não parecia importar-se muito com a localização. Por isso tentou convencer-me das vantagens advindas da aquisição de um terreno tão próximo da cidade, no qual poderíamos cavar espaço para uma sepultura.

Somos ainda jovens, e tomar precauções para o sepultamento tampouco me parecia necessário, de modo que discutimos muito tempo até que findamos por brincar acerca de qual dos dois seria o primeiro a estrear a sepultura. Quão distantes estávamos, pois, de saber para quem estava destinada...

Recordo de maneira especial aquele sábado, depois da compra: José leu, na presença de nossos três filhos, o texto sobre a compra, por parte de Abraão, de um campo em Hebron, para sepultar Sara (Gn 23). Ao terminar, fez-nos perceber como aquela minúscula parcela de terra fora a primeira propriedade de Abraão em Canaã, e como nela se encerrava, como uma semente, o cumprimento da promessa que o Eterno, bendito seja, havia feito a nossos pais.

Reconheço que a lembrança de Abraão e sua preocupação com possuir, por fim, um terreno próprio para enterrar Sara dissipou quase todos os meus receios com respeito à compra do campo, e até fui visitá-lo quando a tumba já estava escavada, a fim de que José me mostrasse, com orgulho, a enorme pedra que havia mandado esculpir para fechar a sepultura.

Um encontro desconcertante.

Alguns dias depois, ele chegou em casa quase sem alento. Disse-me algo confuso a respeito de um encontro inesperado com um parente distante, de Arimateia, e durante a ceia achei-o distraído e nervoso, como se seu pensamento estivesse distante. Somente depois que nossos filhos foram deitar-se é que se decidiu contar-me o que na realidade havia acontecido: estivera escutando, casualmente, as palavras que um tal Jesus, um galileu de Nazaré, conforme soube depois, dirigia a um grupo de camponeses e pescadores sentados à margem do lago. Falava-lhes sentado tranquilamente em um barco amarrado na margem e, ainda que, a princípio, tivesse se aproximado para escutar movido pela curiosidade, ficara impressionado com a atenção com que as pessoas o escutavam e com o poder de atração que possuía aquele homem com aspecto de quem não era mais instruído nem mais culto do que eles.

Não lhe dei maior importância aquela noite, e só comecei a preocupar-me quando, nos dias que se seguiram, José voltou a chegar tarde e a mostrar-se pensativo e silencioso. Ouvi rumores sobre Jesus no mercado e comecei a intuir que José havia começado a relacionar-se com ele, e não me dizia nada por receio de preocupar-me. De fato, já era notória a oposição que Jesus despertava nos meios fariseus e se comentavam as polêmicas que desencadeavam suas atuações e suas palavras, que eu considerava de uma provocação e atrevimento escandalosos. O mesmo não parecia acontecer com José; contou-me que, como o havia defendido diante do Conselho, começava a perceber receios e censuras ocultas da parte deste.

Um sábado diferente.

Ao começar a primavera, mudei-me, como de costume, par a casa que possuímos em Cafarnaum, enquanto José ficou em Jerusalém sob o pretexto de alguns negócios. Antes da Páscoa, chegou inesperadamente a Cafarnaum e, quando ficamos sozinhos, anunciou-me com uma inusitada gravidade que devia dizer-me algo que, talvez, eu não iria compreender num primeiro momento: "Convidei Jesus e seu grupo para a ceia do sábado passado em nossa casa, e preciso partilhar contigo o que vivi naquela noite". Olhei-o horrorizada, pois uma das coisas que havia ouvido a respeito de Jesus era que se assentava à mesa com cobradores de impostos, soldados romanos, comerciantes de todas as classes, cambistas, traficantes, e até mulheres de má fama. Ao dar-se contra de meu sobressalto, tomou minha mão, como se tentasse dar-me forças para o que iria escutar a seguir:

— Rute, algo absolutamente novo está começando e, como quero que tu participes disso, vou tentar explicar-te de maneira que nós dois possamos entender: sentando àquela mesa, vivi o sábado mais verdadeiro, o mais festivo e alegre dentre os que já celebrei em minha vida. Lembras-te de quantas vezes li para nossos filhos o texto do Êxodo, a fim de fazê-los compreender que uma das finalidades do sábado não é cumprir mil prescrições estritas, como ensinam alguns escribas, mas com diz o livro do Êxodo "que teu escravo descanse..." (Ex 20,8-11)? Até agora eu me havia julgado um homem livre e considerava escravos os outros; naquela noite, porém, dei-me conta de que carregava um peso invisível sobre meus ombros: o de minha pretensa dignidade e posição, que me faziam sentir-me superior aos demais, o de sentir-me portador de obrigações para com Deus, as quais, sem que eu percebesse, foram dobrando meus ombros e me colocaram diante dele como um servo e não como um filho. Hoje, porém, inesperadamente, alguém retirou esse peso de meus ombros, tal como o Senhor, no Egito, libertou nossos antepassados do cesto carregado de ladrilhos.

Um fariseu deslumbrado.

José continuava sua descrição de Jesus:

— Nele, existe algo que faz cair o fardo da "personagem" que cada um leva nas costas, e seu jeito de tratar a cada um como a um príncipe, ou melhor, como a um amigo, faz com que os que o rodeiam experimentem a liberdade assombrosa de não estar presos a nenhuma hierarquia social, religiosa ou econômica, nem a normas de pureza ou de legalidade. Ele não carrega consigo nenhum desses pesos acabrunhantes que nos foram impondo os que se apoderaram da Torá e da consciência de nosso povo: fala de Deus com a mesma espontaneidade e confiança com que nos falam nossos filhos, e diz que é assim que seu Pai deseja que o tratemos.

No meio da ceia, senti que o que estávamos vivendo era precisamente o verdadeiro sinal que Deus busca: ver seus filhos e filhas reunidos em torno de uma mesa da qual desapareceram todas essas divisões e classificações que nos separam e distanciam uns dos outros. Nada disso existe para Jesus, e sua simples presença dissolve qualquer pretensão de superioridade ou de inferioridade, dando lugar a uma corrente de afeto e de respeito entre iguais.

Visto que não estavas para acender as velas, Miriam, uma mulher de Magdala, é que o fez. Agora, ela pertence ao grupo dos seguidores de Jesus, apesar de um passado obscuro que quase todos conhecemos e, à medida que ia acendendo cada uma das velas e a sala ia-se iluminando, pensei que era sua própria vida que havia saído das trevas, porque a aceitação e a acolhida de Jesus haviam-na inundado de luz. Rute, essa luz que aguardávamos, a de Abraão e de Moisés, de Davi e de Salomão e do profeta Elias, chegou até nós.

A visão de uma ex-prostituta acendendo as velas do sábado no candelabro de minha própria casa me havia paralisado de tal maneira que me sentia incapaz de continuar a escutar meu esposo. Ele, porém, prosseguia falando, alheio à minha incapacidade de acompanhá-lo:

— Surgiu alguém cuja palavra e presença nos devolvem a verdadeira ordem sonhada por Deus, e nos assenta a uma mesa na qual há lugar para todos, e ninguém fica excluído. Enquanto ceávamos, na noite passada, lembrei-me do que lemos na história de José: "Um homem o encontrou errante pelos campos e este homem lhe perguntou: 'Que procuras?' Ele respondeu: 'Procuro meus irmãos. Indica-me, por favor, onde apascentam seus rebanhos'" (Gn 37,15).

Se alguém fizesse essa pergunta a Jesus, responderia o mesmo que nosso pai José: está apenas em busca de seus irmãos, como quem tem uma notícia extraordinariamente boa para comunicar, e daria a vida para que todos o soubessem. Até agora, eu havia lido e ouvido os rabinos explicarem que o exílio significa a situação dos que vivem privados de memória e de vontade e que, para sair de seu desterro, necessitam que alguém lhes revele sua origem e sua identidade, e lhes recorde qual é sua verdadeira terra. É isso o que ele faz, Rute, e como um pastor que assovia a seu rebanho disperso, vai-nos conduzindo até essa fonte tranquila em que cada um reencontra seu nome.

E, misteriosamente, ao fazê-lo, não exerce nenhum tipo de domínio ou de pressão sobre os que o rodeiam. Seus discípulos o chamam "rabi" e "Senhor", mas nenhum desses títulos parece acrescentar-lhe nada, nem outorgar-lhe nenhum privilégio; ao contrário: observei-o durante a ceia e vi que, quando faltava algo a alguém da mesa, não esperava que os servidores viessem, mas ele mesmo se levantava para buscar.

E também faz perceber, de muitas maneiras, quanto precisa de nós, como um rei que não o seria se não tivesse vassalos, ou melhor, como um pastor que, ao nutrir seu rebanho, ganha o mesmo para comer, sabendo que cada um faz viver o outro, em uma reciprocidade que desterra qualquer superioridade.

Durante a sobremesa, depois que recitamos o *Shemah*, comentou-se a frase "Amarás o Senhor teu Deus com todas as tuas forças" e ele disse: "Pede-nos para amá-lo com essa forma de amor que faz desmoronar todos os conceitos do coração e da razão. Faze o que puderes e depois, faze um pouco mais, aprende a ir para além de teus limites".

Naquele momento interrompi asperamente o discurso de meu esposo: "Eu, sim, ultrapassei meus limites, José! Não posso escutar nem mais uma palavra dessa série de disparates que estás dizendo. Tu, que jamais bebeste, hoje pareces completamente bêbado, e é melhor que não continues a falar-me desse Jesus que te faz perder a sensatez e o bom senso". Olhou-me entristecido e decepcionado; encerrou-se num profundo mutismo e fomos dormir, ainda que nenhum dos dois tenha podido conciliar o sono. Só o consegui de madrugada e, quando despertei, um dos servos me comunicou, da parte dele, que voltaria a Jerusalém, e me pedia para ficar em Cafarnaum com nossos filhos durante a Páscoa, porque temia que nesses dias ocorressem acontecimentos desagradáveis.

Uma tumba perto de um horto.

Supus que se referia a Jesus, e não me equivocava. Não obedeci a seu conselho porque lhe queria muito bem para deixá-lo precisamente nos momentos difíceis que intuía estavam para chegar. Deixei as crianças em casa de uns parentes e me uni a um grupo de peregrinos galileus que se dirigiam a Jerusalém. Nunca me arrependi de tê-lo feito: durante três longos dias de caminho tive tempo de refletir sobre tudo o que José me havia contado e em meu coração envolto em sombras começou a aparecer uma débil luz. Como não tinha sido capaz de compreender os sentimentos de José, seu deslumbramento, sua fascinação por Jesus? Algo devia haver nele para que pudesse ter exercido uma atração tão poderosa sobre um homem tão prudente e justo como meu esposo. Por que não confiar um pouco mais em sua atitude e aceitar conhecê-lo por mim mesma?

Cheguei a Jerusalém na véspera da festa, um pouco depois das três horas da tarde, com o tempo exato para fazer os preparativos do sábado mais solene do ano. José não estava em nossa casa, e os servos me deram atabalhoadamente a notícia de que haviam prendido, julgado e crucificado Jesus; que José havia tido uma violenta discussão com os outros membros do sinédrio e que, por sua conta e risco, havia-se dirigido ao palácio de Pôncio Pilatos para pedir ao governador o cadáver de Jesus para enterrá-lo. Esperava poder exercer sobre ele pressão suficiente para que cedesse a seu pedido, se não por sua condição de judeu respeitado, pelo menos por sua posição econômica.

Soube imediatamente aonde teria de dirigir-me, certa de que seria em nossa sepultura nova que José havia pensado sepultar Jesus. Dirigi-me para lá a toda pressa e cheguei no momento em que estavam depositando o cadáver. José emocionou-se ao ver-me, mais do que já estava, e me abraçou em silêncio, enquanto me conduzia ao interior: uma mulher, que supus ser a mãe de Jesus, tinha sobre os joelhos o corpo de seu filho e, com incrível fortaleza e infinita ternura, limpava-lhe o sangue seco do rosto, para cobri-lo, depois, com um sudário. José envolveu, então, o corpo em um lençol de linho, que reconheci tecido por mim, depositou-o com cuidado sobre a pedra de mármore e saímos todos, lentamente, do sepulcro. Foi também José quem fez rolar a enorme pedra que servia de porta, e todo o grupo se foi separando para dirigir-se ao interior das muralhas. Acaba de soar o primeiro toque do *sofar*, o chifre que anunciava a chegada da festa solene da Páscoa.

ENTRAR NA ORAÇÃO DE JESUS

"Volta-te, Senhor! Liberta-me! Salva-me, por teu amor! Pois na morte ninguém se lembra de ti, quem te louvaria no *sheol*?" (Sl 6,5-6).

Um de meus discípulos recordou as palavras deste salmo quando nos dirigíamos a Betânia, depois de saber que Lázaro havia morrido, e Nicodemos, que é muito versado nas Escrituras, citou o Eclesiastes: "Porém compreendi que ambos terão a mesma sorte. Por isso disse em mim mesmo: 'A sorte do insensato será também a minha; para que, então, me tornei sábio? [...] Tudo caminha para um mesmo lugar: tudo vem do pó e tudo volta ao pó" (Ecl 2,15; 3,20).

Mas eu estou convencido, *Abbá*, de que são tuas mãos e não o pó o último destino de nossas vidas, e de que também do reino da morte chegará a ti meu louvor. Colocaste em meus olhos uma luz que me permite contemplar, já no grão de trigo que apodrece na terra, a espiga que vai brotar (Jo 12,24), e quando uma mulher grita de dor, já estou escutando o pranto da criança que nasce (Jo 16,21).

Agora caminho, entristecido, para a tumba de meu amigo Lázaro, e ali unirei meu pranto ao de todos os que também o amavam e talvez proteste com rebeldia, ao constatar que a morte colocou sobre ele sua assinatura. Contudo, acima disso, habita em mim uma invencível esperança em ti, o Amigo da vida (Sb 11,26). A morte não é obra tua, nem te comprazes com a perdição dos vivos (Sb 1,13). Tu terás sempre a última palavra, por isso posso arriscar minha aposta sobre ela, que me assegura que, em ti, estão a ressurreição e a vida, e que todos os lázaros esquecidos da história são chamados a sair de suas tumbas.

E confio em que tu, que podes livrar Lázaro das garras da morte, vens sempre ao encontro de teus filhos para desatar-lhes os buréis de luto e revesti-los de festa.

ESCOLHER A VIDA

PRECEDE-NOS NA GALILEIA

LER O TEXTO

"Passado o sábado, Maria de Magdala e Maria, mãe de Tiago, e Salomé compraram aromas para ir ungir o corpo. De madrugada, no primeiro dia da semana, elas foram ao túmulo ao nascer do sol. E diziam entre si: "Quem rolará a pedra da entrada do túmulo para nós?". E erguendo os olhos, viram que a pedra já fora removida. Ora, a pedra era muito grande. Tendo entrado no túmulo, elas viram um jovem sentado à direita, vestido com uma túnica branca, e ficaram cheias de espanto. Ele, porém, lhes disse:

— Não vos espanteis! Procurais Jesus de Nazaré, o Crucificado. Ressuscitou, não está aqui. Vede o lugar onde o puseram. Mas ide dizer aos seus discípulos e a Pedro que ele vos precede na Galileia. Lá o vereis, como vos tinha dito.

Elas saíram e fugiram do túmulo, pois um temor e um estupor se apossaram delas. E nada contaram a ninguém, pois tinham medo..." (Mc 16,1-8).

RELER A PARTIR DA MEMÓRIA DO CORAÇÃO

À luz do contexto bíblico...

O anúncio de que o Ressuscitado *precede* aos seus na Galileia tem como pano de fundo uma das convicções mais arraigadas dos autores do AT: o Senhor caminha junto a seu povo, precedendo-o:

> E tendo saído de Sucot, acamparam em Etam, à beira do deserto. E o Senhor ia adiante deles, de dia numa coluna de nuvem, para mostrar-lhes o caminho, e de noite numa coluna de fogo para os alumiar, a fim de que pudessem caminhar de dia e de noite. Nunca se retirou de diante do povo a coluna de nuvem durante o dia, nem a coluna de fogo durante a noite.
> (Ex 13,20-22)

> Moisés respondeu ao Senhor: "Os egípcios ouviram que pela tua própria força fizeste sair este povo do meio deles. Disseram-no também aos habitantes desta terra. Souberam que tu, Senhor, estás no meio deste povo, a quem te fazes ver face a face; que és tu, Senhor, cuja nuvem paira sobre eles; que tu marchas diante deles, de dia numa coluna de nuvem e de noite numa coluna de fogo".
> (Nm 14,13-14)

> Ó Deus, quando saíste à frente do teu povo,
> avançando pelo deserto, a terra tremeu,
> e até o céu dissolveu-se
> o próprio céu se fundiu diante de Deus,
> diante de Deus, o Deus de Israel.
> (Sl 68,8-9)

> Débora disse a Barac: "Prepara-te, porque este é o dia em que o Senhor entregou Sísara nas tuas mãos. Porventura não marchou o Senhor à tua frente?".
> (Jz 4,14)

O cântico de Débora (Jz 5), um dos textos bíblicos mais antigos, põe-nos em contato com a teologia mais arcaica de

Israel, com seu "credo" ancestral. Um elemento essencial desse credo é que Iahweh, o Deus de Israel, sai em socorro de seu povo, precede-o, marcha diante dele e o guia:

Senhor! Quando saíste de Seir,
quando avançaste nas planícies de Edom,
a terra tremeu,
troaram os céus, as nuvens desfizeram-se em água.
(Jz 5,4)

Diante de seus pais ele realizou a maravilha,
na terra do Egito, no campo de Tânis.
Dividiu o mar e os fez atravessar,
barrando as águas como num dique.
De dia guiou-os com a nuvem,
e com a luz de um fogo toda a noite.
(Sl 78,13-14)

A Sabedoria fê-los passar o mar Vermelho,
conduziu-os por águas caudalosas.
(Sb 10,18)

Tu saíste para salvar o teu povo,
para salvar o teu ungido!
(Hc 3,13)

Nos Evangelhos, é Jesus quem precede seus discípulos: "Estavam no caminho, subindo para Jerusalém. Jesus ia à frente deles. Estavam assustados e acompanhavam-no com medo" (Mc 10,32).

"O pastor das ovelhas chama as suas pelo nome e as conduz para fora. Tendo feito sair todas as que são suas, caminha à frente delas e as ovelhas o seguem, pois conhecem a sua voz" (Jo 10,3-4).

... descobrir o texto...

O começo do relato situa-nos numa bifurcação entre um mundo que termina: "passado o sábado" e um começo absoluto: "o primeiro dia da semana", no qual, vencidas as trevas, *surge o sol* da nova luz do Ressuscitado.

"Ver Jesus" é o fio condutor de todo o relato: as mulheres *veem* que o obstáculo físico de acesso a seu corpo foi removido; *veem* o jovem vestido de branco; este as convida para que *vejam* o lugar onde o puseram; o mensageiro celeste remete-as à Galileia a fim de *verem* o Jesus que não *viram* no sepulcro. Tudo gira em torno do tema *ausência/presença*, e contrapõem-se dois lugares e dois modos de *vê-lo: o sepulcro e a Galileia*. Querer vê-lo e buscá-lo no sepulcro desemboca na ausência, ao passo que *ir para a Galileia* desemboca no *seguimento*.

Para as mulheres, Jesus é um morto, e um morto é encontrado num sepulcro, lugar que encerra sua memória e selo que enclausura sua existência, sua prática e sua presença na história. A única coisa que se pode fazer por ele é *ungi-lo,* ou seja, terminar os ritos funerários que concluem o ciclo da existência humana. Mas as mulheres devem mudar seu projeto de *ver/ungir* Jesus. Não há nada a fazer porque não há ninguém para ungir. O sepulcro está aberto e não serve como lugar de encontro; não teve poder para encerrar a presença de Jesus na história, porque dele nada ali ficou. Para encontrá-lo é preciso sair. Porque o ausente *aqui* está presente *na Galileia*. O verbo *ir adiante, preceder* é o único que tem a Jesus como sujeito.

Resulta significativo comparar os títulos que Marcos confere a Jesus no começo e no final de seu Evangelho: "Princípio do Evangelho de Jesus Cristo, Filho de Deus" (1,1); "Procurais Jesus de Nazaré, o Crucificado" (16,6). Somente no final se nos revela em que consiste ser "o Messias, o Filho de Deus".

No momento da morte de Jesus, um centurião romano reconhece: "Verdadeiramente, este homem era o Filho de Deus" (15,39). A condição humana do nazareno Jesus e sua vida entregue até a morte nos revelam em que consiste ser Filho de Deus e libertador da história.[1]

Como entender a reação de medo e de silêncio das mulheres? Se, como é provável, Marcos finalizou seu Evangelho com esse episódio, o fato é que não julgou conveniente falar da fé dos discípulos. Contudo, ainda que conclua com o silêncio das mulheres, aterrorizadas pelo mistério, anuncia novos encontros e um novo começo: o que os precede e marca encontro na Galileia provocará o seguimento. Ali precederá sempre a quem o confesse vivo e caminhe atrás de suas pegadas.

... como Palavra para hoje

As palavras do anjo são dirigidas também a nós, a fim de lembrar-nos que Jesus não está onde caberia a um morto: toda morte foi vencida na sua. Deus Pai "deu razão" a seu modo de vida, devolvendo-lhe a vida em forma nova. Tal como as mulheres, tal como os cristãos perseguidos de Roma, a quem Marcos dedica seu Evangelho, vivemos num mundo em que a história pertence aos vencedores, por isso pode ressoar bem dentro de nós este relato acerca de um judeu vencido.

Buscar Jesus Nazareno, o Crucificado: nisso se resume toda a atitude do verdadeiro discípulo e aí se nos esclarece o que significa ser Filho: viver perante Deus e seu Reino, preferir absolutamente o Pai e as pessoas, acima da própria vida, renunciar a exercer qualquer tipo de poder sobre os que o

---

[1]   Cf. BRAVO GALLARDO, C. *Jesús, hombre en conflicto. El relato de Marcos en América Latina.* Santander: Sal Terrae, 1986. pp. 238-241.

maltratavam. Jesus é o Filho e o Messias porque se entregou sem reter nada para si mesmo, e essa é sua maneira de revelar em plenitude quem é Deus: aquele que se despoja sem cessar, a fim de doar-se no amor.

Se quisermos segui-lo, teremos de buscá-lo na Galileia, ou seja, em meio à vida cotidiana: nos lugares em que nos movemos, em nossos trajetos, encontros, relações, ocupações... Tudo isso é a Galileia na qual Jesus nos precede como Senhor ressuscitado. E tudo muda quando se contempla como espaço e ocasião de encontro com ele. O olhar contemplativo é capaz de reconhecê-lo a preceder-nos e a esperar-nos em cada um desses lugares e momentos, e podemos agradecer-lhe por todas as "galileias" de nossa vida nas quais já se apresentou.

Desse encontro brota necessariamente um estilo de vida novo, um convite a continuar sua missão, a adotar seu estilo de vida, suas preferências e suas opções: nisso consiste *vê-lo* e *segui-lo*.

DEIXAR RESSOAR A PALAVRA

Fala um membro da comunidade de Marcos

> "Elas saíram e fugiram do túmulo, pois um temor e um estupor se apossaram delas. E nada contaram a ninguém, pois tinham medo..." (Mc 16,8).

O final abrupto da narração do manuscrito que circulava pelas comunidades deixou-nos surpresos e desconcertados, e alguém atreveu-se a perguntar ao leitor:

— Tens certeza de que a cena acaba assim? A mim, e penso que a todos, esse final interrompido causa mal-estar; ademais, parece-me impossível que o anúncio da ressurreição de Jesus tenha provocado nas mulheres somente medo e confusão.

Rufo, que havia escutado Marcos muitas vezes e conhecia bem seu pensamento, tomou a palavra:

— Penso que o que Marcos queria dizer-nos é que a Boa-Nova continua na vida de cada um de nós quando *voltamos para a Galileia*, para repetir a vida de Jesus; não a Galileia da Palestina, mas a vida cotidiana na qual o Ressuscitado se nos faz presente. E na reação das mulheres vemos nossas próprias dificuldades na hora de compreender a novidade absoluta do anúncio de que Jesus vive.

Acrescentou Lívia:

— Contudo, dessas mulheres diz-se algo extraordinário: que estavam buscando Jesus Nazareno, o Crucificado e, precisamente porque o procuraram assim, encontraram-no Ressuscitado. O fato é que elas foram as únicas discípulas que permaneceram com Jesus até o final.

Entre os varões da comunidade surgiu um murmúrio de protesto, e Márcio tomou a palavra com um tom de certa superioridade:

— Creio que estás equivocada, Lívia. Não te lembras de como Marcos apresenta os discípulos em seu Evangelho? Não apenas diz que eram lerdos e incapazes de compreender Jesus, mas também que fugiram todos na hora de sua Paixão.

E Lívia respondeu, sem alterar-se:

— Claro que me lembro. Contudo, receio que sejas tu quem esqueceu o que Marcos também diz acerca das mulheres na cena da crucifixão de Jesus. Poderíamos lê-la mais uma vez?

O leitor procurou entre os pergaminhos que conservávamos como um tesouro e leu: "E também estavam ali algumas mulheres, olhando de longe. Entre elas, Maria de Magdala, mãe de Tiago, o Menor, e de Joset, e Salomé. Elas o seguiam e serviam enquanto esteve na Galileia. E ainda muitas outras que subiram com ele para Jerusalém" (Mc 15,40-41).

E Lívia continuou:

— Não lhes chama a atenção que os verbos utilizados por Marcos: seguir, servir e subir a Jerusalém são precisamente aqueles que descrevem a vida do verdadeiro discípulo, sempre marcada pelo seguimento, pelo serviço e pela fidelidade em acompanhar Jesus também nos momentos difíceis? O que Marcos quer dizer-nos é que até mesmo no Calvário não havia discípulos, mas havia discípulas, e são precisamente elas a quem Jesus escolhe como primeiras destinatárias de sua ressurreição.

Quando Lívia terminou de falar, fez-se um denso silêncio. Para nós, homens da comunidade, não era fácil aceitar algo que, de um lado, revelava-se evidente, mas, de outro, contradizia nosso antigo costume de considerar as mulheres como seres inferiores. Por isso, quando, naquele entardecer, partimos o pão, todos rezamos ao Pai comum a fim de que nos ensinasse a acolher a novidade que trazia o Evangelho de seu Filho Jesus a nossos critérios e relações.

ENTRAR NA ORAÇÃO DE JESUS

O tema do pastor ressoaria na memória religiosa de Jesus, e podemos imaginá-lo dirigindo-se ao Pai na última ceia a partir das imagens do Salmo 23:

> *Abbá*, tu sempre foste meu Pastor,
> nada jamais me faltou.
> Em prados de erva fresca me fizeste descansar,
> conduziste-me até fontes tranquilas
> e sempre refizeste minhas forças.
> Guiaste-me pelo caminho que querias para mim
> e, estando a meu lado, fizeste honra
> a teu nome, *Abbá*.

Sei que chegou a hora de atravessar
um vale de trevas,
mas não tenho medo, porque tu vais comigo,
e confio em que teu bastão e teu cajado
continuarão a apoiar-me.
Agora quero colocar em tuas mãos
este pequeno rebanho que me confiaste
e, ainda que se dispersem em meio à névoa,
dá-lhe a certeza de que eu me colocarei
de novo à frente deles
e precedê-los-ei na Galileia,
a Galileia onde tudo começou para nós.
Tu quiseste que eu seja para eles
o pão e o vinho que tu preparas
para saciar sua fome e sua sede,
e se parto para junto de ti, Pai,
é para preparar a mesa,
para arranjar os perfumes com os quais ungir sua cabeça
e a taça transbordante do banquete de teu Reino.
E nesse caminho rumo a tua casa,
continuarei a ser para eles pastor,
como somente tu foste para mim,
para que tua bondade e tua graça os acompanhem
todos os dias de sua peregrinação,
até que cheguem a habitar em tua casa
por anos sem fim.

ESCOLHER A VIDA

O QUE MARIA GUARDAVA EM SEU CORAÇÃO

LER O TEXTO

"Quando os anjos os deixaram, em direção ao céu, os pastores disseram entre si:

— Vamos já a Belém e vejamos o que aconteceu e que o Senhor nos deu a conhecer.

Foram, então, às pressas, e encontraram Maria, José e o recém-nascido deitado na manjedoura. Vendo-o, contaram o que lhes fora dito a respeito do menino; e todos os que os ouviam ficavam maravilhados com as palavras dos pastores. Maria, contudo, conservava cuidadosamente todos esses acontecimentos e os meditava em seu coração. [...]

Três dias depois, eles o encontraram no templo, sentado em meio aos doutores, ouvindo-os e interrogando-os; e todos os que o ouviam ficavam extasiados com sua inteligência e com suas respostas. Ao vê-lo, ficaram surpresos, e sua mãe lhe disse:

— Meu filho, por que agiste assim conosco? Olha que teu pai e eu, aflitos, te procurávamos.

Ele espondeu:

— Por que me procuráveis? Não sabíeis que devo estar na casa de meu Pai?

Eles, porém, não compreenderam a palavra que Jesus lhes dissera.

Desceu, então, com eles para Nazaré e era-lhes submisso. Sua mãe, porém, conservava a lembrança de todos esses fatos em seu coração. E Jesus crescia em sabedoria, em estatura e em graça, diante de Deus e diante dos seres humanos" (Lc 2,15-20.46-52).

RELER A PARTIR DA MEMÓRIA DO CORAÇÃO

À luz do contexto bíblico...

Para a Bíblia, o coração designa a interioridade humana, sua intimidade, seu lugar oculto, sua profundidade e sua liberdade. Não é apenas a sede dos sentimentos, mas da totalidade da personalidade consciente, inteligente e livre, dos pensamentos, decisões e opções decisivas: "Num coração inteligente repousa a sabedoria" (Pr 14,33). "Água profunda é o conselho no coração do ser huamno, o ser humano inteligente tem apenas de hauri-la" (Pr 20,5).

Somente Deus conhece o mais secreto e perscruta "no fundo do ser humano seu coração impenetrável" (Sl 64,7). Por isso o salmista afirma: "Eis que amas a verdade no fundo do ser, e me ensinas a sabedoria no segredo" (Sl 51,8). O justo "tem no coração a lei do seu Deus, seus passos nunca vacilam" (Sl 37,31), por isso proclama: "Meu Deus, eu quero ter a tua lei dentro das minhas entranhas" (Sl 40,9). "Conservei tuas promessas no meu coração" (Sl 119,11). "Como ribeiro de água, assim o coração do rei na mão de Deus; este, segundo o seu querer, o inclina" (Pr 21,1).

Existe uma estreita relação entre o coração e a escuta da Palavra: "Filho do homem", escuta Ezequiel, "tudo quanto te disser, recolhe-o no teu coração, ouve-o com toda atenção" (3,10). E Oseias indica o lugar de comunicação preferido por

Deus: "Por isso, eis que eu mesmo a seduzirei, conduzi-la-ei ao deserto e falar-lhe-ei ao coração" (2,16).

Por isso Salomão pede a Deus: "Dá a teu servo um coração cheio de julgamento" (1Rs 3,9), e os sábios aconselham: "Guarda teu coração acima de tudo, porque dele provém a vida" (Pr 4,23). "Atende, ainda, ao conselho de teu coração, porque nada te pode ser mais fiel do que ele. Pois a alma do ser huamno o informa muitas vezes melhor do que sete sentinelas colocadas num lugar alto" (Eclo 37,13-14). "Aceita a instrução de sua boca e guarda seus preceitos em teu coração" (Jó 22,22).

A verdadeira condição do israelita é abrir espaço em si mesmo para a Palavra: "Ponde estas minhas palavras no vosso coração e na vossa alma" (Dt 11,18). Porque "a palavra está muito perto de ti: está na tua boca e no teu coração, para que a ponhas em prática" (Dt 30,14).

Essa Palavra, porém, nem sempre é fácil de compreender, e os acontecimentos que Israel vive apresentam-se, frequentemente, envoltos em mistério e obscuridade; daí a necessidade de um esforço para penetrar no conteúdo da Palavra, para tentar assimilá-la. Daniel confessa: "Eu, Daniel, fiquei muito perturbado em meus pensamentos, e a cor do meu rosto mudou. E conservei tudo isso em meu coração" (Dn 7,28). Uma característica da sabedoria israelita é exercitar uma memória dinâmica e atualizadora, conservando no coração o modo como Deus agiu na história de ontem a fim de tirar aplicação para o hoje: "Meu filho, não esqueças minha instrução, guarda no coração os meus preceitos" (Pr 3,1). Sábio "é aquele que aplica a sua alma, o que medita na lei do Altíssimo. Ele investiga a sabedoria de todos os antigos, ocupa-se das profecias. Conserva as narrações dos seres humanos célebres, penetra na sutileza das parábolas" (Eclo 39,1-3).

Maria, a filha de Sião, insere-se nessa tradição, e Lucas apresenta-a herdando esse estilo de sabedoria contemplativa ao acolher os aspectos obscuros e não imediatamente inteligíveis de seu Filho. Maria não é apenas sua mãe, mas sua primeira e melhor discípula, em estreita relação com o futuro de Jesus e unida a seu destino.

Lucas insiste várias vezes em que ela "não compreendeu" (2,50), "ficou surpresa" (2,48), "não compreendeu suas palavras" (2,50) e, justamente por isso, sua atitude é a de meditar em seu coração o sentido dos acontecimentos (2,51). O evangelista utiliza o particípio *symballousa*, que expressa a ação de "reunir o disperso", e provém da mesma raiz da palavra *símbolo*. Insinua uma atividade cordial de ida e vinda de dentro para fora e de fora para dentro, um confronto entre interioridade e acontecimento, um trabalho silencioso de reunir o disperso, de entretecer a Palavra e a vida. Diz algo sobre o trabalho da fé que Maria, a crente, realiza no "laboratório" de seu coração para unificar o que conhece pela Palavra e a realidade que vai acontecendo diante de seus olhos.

... descobrir o texto...

Maria é uma das personagens centrais dos dois primeiros capítulos de Lucas, um precioso prólogo de todo o seu Evangelho. Se imaginamos seu autor como um *escriba,* no começo de sua obra ele nos oferece as chaves secretas de decifração de sua linguagem, para que nós, leitores, a partir desses códigos, exercitemo-nos na tarefa de descobrir os segredos que vamos encontrar em todo o Evangelho. E Maria, como nova Arca da Aliança, guarda em seu interior a memória viva de seu Filho.

Se o imaginamos como um *tecelão,* o começo de seu Evangelho é o cabo da meada no qual se "enovela" toda a sua teologia. Se puxarmos a partir desse cabo, ser-nos-á mais fácil "desenredar" a meada e reconhecer o desenho do tapete que vem depois. E Maria será a perita tecelã que nos ajuda nessa tarefa.

Se o imaginamos como *compositor musical*, tal início é a abertura de seu poema sinfônico, no qual faz ressoar os motivos musicais de sua composição, a fim de que nos familiarizemos com ela. E nas palavras e nas atitudes de Maria apresenta já todos os temas que vamos encontrar depois em seu Evangelho.

... como Palavra para hoje

Para compreender o que significa a atitude de Maria de "meditar no coração", necessitamos remontar à cena da Anunciação: nas palavras do anjo, tudo parece coincidir com as antigas ideias sobre Deus: aquele que vai nascer dela será *grande, santo, Altíssimo, possuirá o trono de Davi...* Todavia, em seu nascimento, irrompe uma novidade que revela como ultrapassados todos os velhos saberes sobre Deus e sua grandeza; santidade e realeza emergem sob a forma desconcertante de um menino "envolto em panos e reclinado num presépio".

Por isso Maria precisou "guardar e meditar" esse mistério em seu coração, ensinando-nos a realizar esse trabalho da fé e a viver em permanente alerta, como gente "ameaçada pela novidade": o mais provável é que Deus se apresente incógnito e nunca saberemos de antemão como aparecerá em nossa vida. Alguém disse que era esperado como um rei ("mirra e aloés exalam teus vestidos...", Sl 45,9); ele, porém, apresentou-se com odor de estábulo. A partir desse momento, a experiência do Santo foi transferida para lugares, tempos e pessoas inesperados.

"Quem puder entender, entenda" (e quem puder "sentir o cheiro", que "sinta"...).

248

DEIXAR RESSOAR A PALAVRA

Fala um membro da comunidade de Lucas

"Desceu, então, com eles para Nazaré e era-lhes submisso. E Jesus crescia em sabedoria, em estatura e em graça, diante de Deus e diante dos seres humanos" (Lc 2,52).

Quando acabamos de escutar o que Lucas havia escrito acerca da infância de Jesus, ficamos num silêncio extasiado que ninguém desejava romper. Mais do que ouvir, havíamos contemplado um precioso mosaico no qual reconhecêramos o esplendor do Senhor ressuscitado, tal como no-lo havia apresentado o restante do Evangelho de Lucas.

Os que procediam do Judaísmo adivinhavam, além disso, em cada peça do mosaico, cenas, personagens e palavras das antigas tradições de Israel com as quais estavam familiarizados, e nelas reliam sua história à luz de Jesus de Nazaré: tudo havia sido um longo processo para chegar até ele. E os que procedíamos da gentilidade e que constituíamos a maioria da comunidade, admirávamo-nos também ante a novidade de um Deus que nunca deixa de surpreender-nos. Cada um comentava aquilo que havia descoberto sob as personagens e acontecimentos da infância de Jesus:

— A cena de Maria visitando sua prima me fez recordar Davi levando a arca da aliança. Ele também dava pulos de alegria, como João no seio de sua mãe, e disse também: "Como virá a Arca de Iahweh para ficar na minha casa?" (2Sm 6,9). Creio que foi o modo que Lucas encontrou para dizer a nós, judeus, que Maria é, agora, a arca da nova Aliança...

— Parecia que eram dirigidas a mim as palavras do anjo a Zacarias, a Maria e aos pastores: "Não temais". A perseguição que começamos a padecer me dá medo, e percebi que, se Deus está conosco na pessoa de seu Filho, não precisamos ter medo de nada. E não teremos de achar estranho sofrer repúdio ou incompreensão: tampouco para Jesus havia lugar na pousada de Belém.

— Eu estou um pouco desconcertado: entre Zacarias e Isabel, com o peso de sua idade, de sua categoria sacerdotal e de sua fidelidade à Lei, Deus escolheu Maria, uma jovem galileia de um povoado desconhecido. Tampouco elege como lugar de sua presença o Templo de Jerusalém, mas um descampado nos arredores de Belém, um estábulo, um presépio... Percebo que tenho de desaprender quase tudo o que penso saber sobre Deus.

— O mais importante começa ocultamente: no seio de Maria, em um menino envolto em cueiros, na fama duvidosa de alguns pastores, na humildade de uma casa em Nazaré... É a mesma predileção pela pobreza que sabíamos que Jesus tivera durante toda sua vida. Se quisermos segui-lo, teremos de estar dispostos a aceitar que os sinais que Deus oferece pertencem à normalidade da vida cotidiana, sem nada de espetacular. Seus sinais vêm ocultos no mais comum e ordinário.

— Não podemos nos escandalizar que Jesus tenha morrido como morreu. Se já desde seu nascimento careceu de poder, e Deus não realizou nenhum milagre para que dispusesse de um lugar mais digno, como estranharíamos que tampouco o tenha descido da cruz? Compreende-se por que Simeão o chamara "sinal de contradição". De fato, até os cueiros com que sua mãe o envolveu eram como um pressentimento dos lençóis que envolveriam seu corpo no sepulcro...

— Quanto a mim, enche-me de assombro a fé de Maria: ela, assim como nós, não compreendia totalmente o que estava acontecendo; o anjo havia-lhe dito que seu filho seria "grande" e "filho do Altíssimo", mas o que via em seus braços era um menininho, como tantos outros e, em lugar de trono, teve de recliná-lo em um presépio. Ela, porém, manteve-se firme na fé, como a melhor filha de nosso pai Abraão, por isso Isabel a proclamou bem-aventurada.

— Vocês perceberam que todas as personagens e cenas que acabamos de ler estão envoltas em uma atmosfera de júbilo? É como se a aparição do Messias na terra fosse uma torrente de alegria que vai envolvendo cada vez mais gente: Maria, Zacarias e Isabel, seus amigos e vizinhos, os pastores de Belém, Simão e Ana... A Boa-Notícia de que Deus ama sem condições a humanidade e lhe entrega seu Filho passa dos anjos às personagens, e estas se convertem em portadoras de bênção para outros... Precisamente o que nós somos chamados a ser no mundo.

Lucas escutava complacente nossos comentários e somente no final decidiu intervir:

— Tudo o que vocês dizem é certo, mas não creiam que tenha sido sempre eu quem teve a intenção de dizer tudo o que vocês descobriram... É o Espírito quem lhes revela e quem continuará a fazê-lo, desde que vocês mantenham sempre um coração sensível. Quero somente contar-lhes algo que é, para mim, a chave de leitura de meu Evangelho, e também dos que Marcos e Mateus escreveram. Vocês se lembram do que digo na cena da visita dos pastores ao estábulo?

Lúcia, uma das mais jovens da comunidade, respondeu com rapidez:

— Dizes que "Maria conservava todas as coisas, revolvendo-as no coração".

Fábio, que não suportava que as mulheres tomassem a dianteira, corrigiu-a:

— O que Lucas diz é que Maria "meditava"; não sei de onde tiras esse "revolvendo"...

251

Lucas interveio de novo:

— Lúcia expressou exatamente o que quero dizer ao escolher precisamente o verbo *symballo*. Se conheces bem o grego, perceberás que significa "reunir o disperso", "confrontar", "simbolizar". E é justamente isso o que Maria fazia: tudo o que lhe parecia estranho e desconcertante a respeito de seu Filho ela juntava em seu coração com a Palavra que havia escutado, ruminava-o, revolvia-o até que sua fé a tornava capaz de integrá-lo e acolhê-lo... E essa é precisamente a tarefa que teremos diante nós, como cristãos. Vocês estão dispostos a prossegui-la?

Joana, a mulher de André, o padeiro, respondeu em nome de todos:

— Claro que estamos! Penso que o que Maria fazia se parece com o que faço quando amasso o pão: misturo farinha com a água, com o fermento e com o sal, e dou um trato nisso tudo até que se forma uma massa e já não se pode separar nenhum desses elementos... E isso é o que acontece quando somos capazes de juntar os acontecimentos da vida com o Evangelho.

Naquela noite, quando saímos da comunidade, sentíamo-nos formando parte de um grande pão, com o qual desejávamos saciar a fome de nossos irmãos.

ENTRAR NA ORAÇÃO DE JESUS

O hino à Sabedoria de Eclesiástico 24 foi aplicado, na tradição eclesial, tanto a Jesus como a Maria. Ao convertê-lo em oração, poderemos ir deixando que suas imagens nos evoquem o nome e a presença do Filho ou da Mãe.

A sabedoria faz o seu próprio elogio,
ela se exalta no meio de seu povo.

Na assembleia do Altíssimo abre a boca,
ela se exalta diante do seu poder:
"Saí da boca do Altíssimo
e como a neblina cobri a terra.
Armei a minha tenda nas alturas
e meu trono era coluna de nuvens.
Só eu rodeei a abóbada celeste,
eu percorri a profundeza dos abismos,
as ondas do mar, a terra inteira,
reinei sobre todos os povos e nações.
Junto de todos estes procurei onde pousar
e em qual herança pudesse habitar.
Então o criador de todas as coisas deu-me uma ordem,
aquele que me criou armou a minha tenda
e disse: 'Instala-te em Jacó,
em Israel recebe a tua herança'.
Criou-me antes dos séculos, desde o princípio,
e para sempre não deixarei de existir.
Na Tenda santa, em sua presença, oficiei,
deste modo estabeleci-me em Sião
e na cidade amada encontrei repouso,
meu poder está em Jerusalém.
Enraizei-me num povo cheio de glória,
no domínio do Senhor se encontra minha herança.
Cresci como o cedro do Líbano,
como o cipreste no monte Hermon.
Cresci como a palmeira em Engadi,
como roseira em Jericó,
como formosa oliveira na planície,
cresci como plátano junto às águas.
Como a canela e o acanto aromático exalei perfume,
como a mirra escolhida exalei bom odor,

com o gálbano, o ônix, o estoraque,
como o vapor do incenso na Tenda.
Estendi os meus ramos como o terebinto,
meus ramos, ramos de glória e graça.
Eu, como a videira, fiz germinar graciosos sarmentos
e minhas flores são frutos de glória e riqueza.
Vinde a mim todos os que me desejais,
fartai-vos de meus frutos.
Porque minha lembrança é mais doce do que o mel,
minha herança mais doce do que o favo de mel.
Os que me comem terão ainda fome,
os que me bebem terão ainda sede.
Quem me obedece não se envergonhará,
os que trabalham por mim não pecarão". [...]
Quanto a mim, sou como canal de rio,
como aqueduto que vai ao paraíso.
Eu disse: "Irrigarei o meu jardim,
regarei os meus canteiros".
Eis que meu canal tornou-se rio
e o meu rio tornou-se mar.
Ainda farei a disciplina resplandecer como a aurora,
levarei longe sua luz.
Ainda derramarei a instrução como profecia
e a transmitirei às gerações futuras.

ESCOLHER A VIDA

SUMÁRIO

Introdução 5

Encontro no Jordão...7

Um homem livre..16

Chamados e atraídos 24

Boas-novas em Nazaré..32

Quem é este homem?..42

Servidor de todos...51

A sabedoria do Reino...61

Médico compassivo..69

Inimigo da cobiça..80

Uma mulher na fronteira 91

Alguém abriu meus ouvidos..99

Um homem segundo Deus...107

A melhor parte...118

O coração do Pai..127

Uma luz no monte..139

Preferir os pequenos 152

Como herdar a vida eterna 163

Um homem polêmico 175

Ungido para a vida.. 185

Um orante na noite.. 196

O jogo do perde-ganha 207

Um túmulo novo.. 220

Precede-nos na Galileia.. 235

O que Maria guardava em seu coração............................ 244

Impresso na gráfica da
Pia Sociedade Filhas de São Paulo
Via Raposo Tavares, km 19,145
05577-300 - São Paulo, SP - Brasil - 2012